जैक मा
के
सक्सेस सीक्रेट्स

AF622442

बैस्टसेलर पुस्तकें

THE POWER OF FOCUS
द पावर ऑफ फोकस
सक्सेस के वैज्ञानिक सूत्र
नेपोलियन हिल
THINK AND GROW RICH
नेपोलियन हिल
अपनी सोच से अमीर बनिए
मन में है विश्वास
नेपोलियन हिल
सुपर सक्सेस @ NLP
नेपोलियन हिल
अधिकतम सफलता
INTERNATIONAL BESTSELLER
जोसेफ मर्फी
द पावर ऑफ योर सब्कॉन्शस माइंड
नेपोलियन हिल
सफलता के गुरुमंत्र
सुपर सक्सेस के GOLDEN रूल्स
सुपर सफलता के 25 सुपर नियम
डेल कारनेगी
लोक व्यवहार
प्रभावशाली व्यक्तित्व की कला
नेपोलियन हिल
POSITIVE थिंकिंग
हर पथ विजय पथ
चिंता छोड़ो सुख से जियो
अहंकार को करें बाय बाय
विश्वास का जादू
जोसेफ मर्फी
FLIGHT PLAN
कामयाबी UNLIMITED
आपके जीवन की उड़ान योजना
जेफरी आर्चर
मिलियन डॉलर की हेरा-फेरी
आपकी जीत
जिग जिगलर
BORN TO WIN
मनचाहे लक्ष्य प्राप्त करने की जादुई पुस्तक
MANIFESTATION सीक्रेट्स
द लॉ ऑफ Attraction
सफलता के लिए 13 सर्वश्रेष्ठ आदतें
अपार पैसा, स्वास्थ्य और खुशियाँ कैसे पाएँ
नेपोलियन हिल
सक्सेस LIMITLESS
नेपोलियन हिल

जैक मा के सक्सेस सीक्रेट्स

स्वाति गौतम

प्रभात पेपरबैक्स
www.prabhatbooks.com

प्रकाशक
प्रभात पेपरबैक्स
प्रभात प्रकाशन प्रा. लि. का उपक्रम
4/19 आसफ अली रोड, नई दिल्ली–110002
फोन : 23289777 • हेल्पलाइन नं. : 7827007777
इ–मेल : prabhatbooks@gmail.com ❖ वेब ठिकाना : www.prabhatbooks.com

संस्करण
प्रथम, 2021

सर्वाधिकार
सुरक्षित

मूल्य
दो सौ रुपए

मुद्रक
आर–टेक ऑफसेट प्रिंटर्स, दिल्ली

JACK MA KE SUCCESS SECRETS
by Smt. Swati Gautam

Published by **PRABHAT PAPERBACKS**
An imprint of Prabhat Prakashan Pvt. Ltd.
4/19 Asaf Ali Road, New Delhi-110002

ISBN 978-93-90900-77-0

₹ 200.00

भूमिका

हर व्यक्ति सपने देखता है। उसे अपने जीवन में असाधारण सफलता प्राप्त हो, चाहे वह किसी भी क्षेत्र में हो; लेकिन सपने देखना उतना महत्त्वपूर्ण नहीं है, जितना महत्त्वपूर्ण उन सपनों का पीछा करते हुए उस सफलता की खोज में आगे निकल जाना है। सफलता की राह में केवल वाहवाही, हौसला अफजाई, प्रोत्साहन ही नहीं मिलता, ये तो बहुत बाद वाली बातें हैं, जो किसी सफल व्यक्ति को अपने जीवन में देखने-सुनने को मिलती हैं। लेकिन ज्यादातर उन्हें सामना करना पड़ता है लोगों की उन बातों का, जो उन्हें पागल साबित करती हैं; लेकिन यही पागलपन जब जुनून बन जाता है तो निश्चित ही आपके जीवन में वह घटना घटती है, जिसके सपने आपने आज तक देखे थे। ऐसा ही जैक मा के जीवन में भी है। एक नन्हा बच्चा टूरिस्ट को गाइड करता हुआ और अंग्रेजी सीखता हुआ आधुनिकता की दौड़ में नंबर वन बन गया, जहाँ अंग्रेजी किसी बच्चे को जन्मजात ऐसे ही मिल जाती है। आज हार्वर्ड यूनिवर्सिटी में जैक मा के भाषण होते हैं, जहाँ वह लोगों को बताते हैं कि सफलता की सीढ़ियाँ कौन सी हैं। ये वही सीढ़ियाँ हैं, जो जैक मा ने किसी का अनुसरण करके नहीं, बल्कि अपनी लगन और उठाए गए जोखिम के दम पर बनाई हैं। यदि कोई भी व्यक्ति बिना रुके अपने सपनों की तरफ कदम बढ़ाए तो निश्चित ही वहाँ पहुँच सकता है, जो सच में आपकी सफलता को असाधारण बना देगा।

"हमेशा पहले दिन से देखे गए सपने का पीछा करो, जो आपको प्रेरित करेगा और हर कमजोर विचार से आपको बचाएगा।"

—जैक मा

—स्वाति गौतम

अनुक्रम

1
अलीबाबा से पहले की तैयारी

"यदि आप असफल हो रहे हैं तो इसका मतलब है कि आप कुछ कर रहे हैं। यदि आप कुछ कर रहे हैं तो आपके पास एक मौका है।"

ये शब्द 'रिच डैड पुअर डैड' जैसी विश्वप्रसिद्ध पुस्तक देनेवाले राबर्ट कियोसाकी के हैं। कुछ शब्द कुछ विशेष व्यक्तियों के लिए ही बने होते हैं और ये शब्द जैक मा पर सटीक बैठते हैं। महान् लोगों में ऐसा क्या होता है, जो उन्हें महान् बनाता है! जब भी हम जैक मा की जीवनी पढ़ते हैं तो उत्साह से भर जाते हैं। उनका जीवन किसी फटे-पुराने कपड़े पहने एक ऐसे बच्चे के रूप में लगता है, जो राजकुमार हो जाने के सपने देखता है। जोंस 'फोर्ब्स' पत्रिका के पन्ने पलट रहा था, तभी उसकी नजर कवर पेज पर बनी एक आदमी की फोटो पर पड़ी और वह चौंक गया। 'फोर्ब्स' पत्रिका के कवर पेज पर जगह बनाना बड़े सम्मान की बात थी। वह लड़का वित्तीय पत्रिका 'फोर्ब्स' का कवर स्टार था। अंदर उसके बारे में लिखा था कि वह चीन के एक समूह अलीबाबा का बोर्ड ऑफ डायरेक्टर का अध्यक्ष और सी.ई.ओ. दोनों था। यह बात जोंस के लिए किसी आश्चर्य से कम नहीं थी। उसने बहुत देर तक उसको देखते हुए अपनी यादों से छोटे चीनी बच्चे को मिलाने की कोशिश की, जिसने सफेद रंग की शर्ट, काले रंग की पैंट और पैरों में प्लास्टिक की चप्पल पहनी थी। वह साइकिल पर बैठा; उसने जोंस को देखते हुए मुसकराकर हैलो बोला और टूटी-फूटी अंग्रेजी में कहा, "मैं मुफ्त में आपका गाइड बन सकता हूँ?"

10 सितंबर, 1964 को हांगझोऊ की एक सँकरी गली में मा यून का जन्म हुआ। जब जैक मा का जन्म हुआ, चीन में साम्यवाद का युग था। सभी संसाधनों पर केवल सरकार का स्वामित्व था। किसी को निजी संपत्ति के स्वामित्व की अनुमति नहीं थी। एक मध्यमवर्गीय परिवार की स्थिति दयनीय थी और जैक मा का परिवार इससे अछूता नहीं था, अगर जैक मा की बात करें तो कोई घोषणा नहीं कर सकता था कि उनका भविष्य उज्ज्वल होगा। स्कूल में उनके प्रदर्शन की बात हो तो वह औसत से भी कम था। दो बार प्राथमिक स्कूल की परीक्षा में असफल रहे। तीन बार माध्यमिक विद्यालय की परीक्षा में असफल रहे। दुनिया भर में सफलता का आकलन हमारे प्रारंभिक जीवन से लगाया जाता है। छात्र जितने अच्छे अंकों से उत्तीर्ण होगा, उसका भविष्य उतना ही उज्ज्वल माना जाएगा। दूसरी तरफ औसत या खराब प्रदर्शन करनेवाले बच्चों की निंदा की जाती है, लेकिन आज हजारों प्रतिभाशाली, पेशेवर और बुद्धिमान लोग जैक मा के लिए काम करते हैं। हमारी सफलता एक हद तक हमारी बौद्धिक क्षमताओं पर निर्भर हो सकती है, लेकिन सफल होने के लिए आपकी लगन आपके जीवन की सफलता और असफलता का फैसला करती है।

10 सितंबर, 1964 को हांगझोऊ की एक सँकरी गली में मा यून का जन्म हुआ। जब जैक मा का जन्म हुआ, चीन में साम्यवाद का युग था। सभी संसाधनों पर केवल सरकार का स्वामित्व था। किसी को निजी संपत्ति के स्वामित्व की अनुमति नहीं थी।

जैक एक छोटी कद-काठी का दुबला-पतला सा लड़का, जिसके लिए उसके पिता भी मजाक में कभी कहा करते थे कि वह उन्हें कूड़े में मिला था। कम्युनिस्ट चीन में बच्चों और वयस्कों में भी कुपोषण एक बहुत बड़ी समस्या थी और जैक इसके लिए कोई अपवाद नहीं थे। एक ग्यारह साल का बच्चा, अपने छोटे से लंच बॉक्स में नूडल्स रखे हुए आगे बढ़ रहा था। जाहिर सी बात थी, वह नूडल्स ग्यारह साल के बच्चे के लिए भी पर्याप्त नहीं

थे। उसने एक एकांत जगह चुनी, वहाँ बैठकर अपना दोपहर का खाना खाना शुरू ही करनेवाला था कि तभी चौदह साल के, लगभग उससे दुगने आकार के बच्चे ने आकर उसके नूडल्स छीन लेने चाहे, पर उस दुबले-पतले लड़के ने उसका विरोध किया और काफी हाथापाई के बाद वह छोटा बच्चा उस विरोध में जीत गया। जीवन में हमारे पास सदैव दो रास्ते होते हैं, एक सरल और एक कठिन। सरल रास्ता यही था कि वह अपना खाने का डिब्बा अपने से बड़े लड़के को दे देता, लेकिन उसने कठिन रास्ता चुना। कठिन रास्ता सदैव सफलता की ओर हमारा एक कदम और बढ़ा देता है, अगर डिब्बा छोड़ दिया जाता तो उससे समस्या खत्म नहीं होती। समस्या से भागने पर वह हमेशा हमारा पीछा करती है।

जैसे कोई भी बहुमंजिला और सुंदर इमारत छोटी-छोटी ईंटों के सहयोग से निर्मित होती है, वैसे ही एक व्यक्तित्व छोटी-छोटी रोजमर्रा की आदतों से बनता है। जैक मा का बचपन मार्शल आर्ट उपन्यासों में बीता। उन्होंने अपना बचपन चीन के उत्कृष्ट उपन्यासों, लुई चा के मार्शल आर्ट और वीरता (Wuxia) भरे उपन्यासों को पढ़ने में बिताया। उपन्यास के वीर योद्धा आम जनता के लिए लड़ते थे। अपनी शारीरिक शक्ति के दम पर ही नहीं, उनकी बौद्धिक क्षमता भी विरोधियों के प्रति एक प्रमुख हथियार थी। ये सभी योद्धा धीरे-धीरे जैक के व्यक्तित्व का निर्माण कर रहे थे। जहाँ उनके अवांछित ध्यान और उपहास का उन पर कोई असर नहीं होता था। जब जैक एक बड़े उद्योगपति होकर उभरे तो ये सभी विशेषताएँ उनके व्यक्तित्व में निखरकर सामने आईं।

जैसे कोई भी बहुमंजिला और सुंदर इमारत छोटी-छोटी ईंटों के सहयोग से निर्मित होती है, वैसे ही एक व्यक्तित्व छोटी-छोटी रोजमर्रा की आदतों से बनता है। जैक मा का बचपन मार्शल आर्ट उपन्यासों में बीता। उन्होंने अपना बचपन चीन के उत्कृष्ट उपन्यासों, लुई चा के मार्शल आर्ट और वीरता (Wuxia) भरे उपन्यासों को पढ़ने में बिताया।

किसी भी व्यक्ति का उपहास उसके मनोबल को गिराने के लिए उसमें बाधा का काम करता है। दूसरी ओर इस उपहास ने जैक मा के लिए विपरीत काम किया। वह झींगुरों को इकट्ठा करते और उनकी आवाजों को अलग-अलग श्रेणी में रखकर उनकी पहचान करने की कोशिश करते, बल्कि दूसरे बच्चे झींगुरों की आपस में प्रतियोगिता का मजा लेते थे। जैक बिल्कुल अलग थे। बच्चे उन्हें अजीब इनसान बोलते थे, लेकिन उन्हें कोई परवाह नहीं थी। उन्होंने अपने शौक को पाला, अगर आप कुछ अलग करते हैं तो हमेशा लोग उसका उपहास करते हैं। बहुत कम लोग होते हैं, जो कुछ अलग करने पर आपकी प्रशंसा करें। अधिकतर लोग उसी रास्ते पर चलते हैं, जो किसी दूसरे ने बनाया है, क्योंकि वहाँ एक सुविधा है और एक व्यवस्थित भविष्य है कि ज्यादा न मिला तो इतना तो मिलेगा ही, जितना आपसे आगे चलनेवाले को मिला, लेकिन अपने लिए एक बिल्कुल नया रास्ता तैयार करना हमेशा जोखिम भरा होता है। आपको मजबूत होने की आवश्यकता है कि आप अपनी आंतरिक संतुष्टि के लिए काम करें, वहाँ खुशी और स्थिरता है।

1972 में राष्ट्रपति रिचर्ड निक्सन ने जनसंरक्षित गणराज्य और यूनाइटेड के बीच संबंधों को सुधारने तथा नए सिरे से व्यापार और आर्थिक संबंधों की शुरुआत करने के लिए जैक मा के शहर का राजनीतिक दौरा किया। यह एक सात दिवसीय आधिकारिक यात्रा थी, जिसमें चीन जन गणराज्य और संयुक्त राज्य अमेरिका के बीच नए सिरे से व्यापार और आर्थिक संबंधों में वृद्धि हुई।

1972 में राष्ट्रपति रिचर्ड निक्सन ने जनसंरक्षित गणराज्य और यूनाइटेड के बीच संबंधों को सुधारने तथा नए सिरे से व्यापार और आर्थिक संबंधों की शुरुआत करने के लिए जैक मा के शहर का राजनीतिक दौरा किया। यह एक सात दिवसीय आधिकारिक यात्रा थी, जिसमें चीन जन गणराज्य और संयुक्त राज्य अमेरिका के बीच नए सिरे से व्यापार और आर्थिक संबंधों में वृद्धि हुई।

राष्ट्रपति की यात्रा को व्यापक रूप से टेलीविजन पर दिखाया गया और पूरी दुनिया चीन से परिचित हुई। जिससे वहाँ आनेवाले पर्यटकों में भी वृद्धि हुई, तब जैक मा की उम्र केवल 8 वर्ष की थी, लेकिन किसी विदेशी का उनके शहर आना उनके लिए किसी आश्चर्य से कम नहीं था। 1976 में माओ की मृत्यु के पश्चात् चीन को विदेशी पर्यटकों के लिए पूर्ण रूप से खोल दिया गया और यहीं से शुरुआत हुई जैक मा के शहर हांगझोऊ में पश्चिम झील को देखने आनेवाले पर्यटकों की।

जैक की उम्र धीरे-धीरे बढ़ रही थी। वे वयस्क हो रहे थे और उसी के साथ-साथ उनकी विशेषताएँ भी किसी पैनी धार की तरह निखर रही थीं। ये बदलाव न बड़े थे, न ही विशेष थे, फिर भी उन बदलावों ने जैक के सपनों को साकार करने में एक महत्त्वपूर्ण भूमिका निभाई।

जैक की उम्र धीरे-धीरे बढ़ रही थी। वे वयस्क हो रहे थे और उसी के साथ-साथ उनकी विशेषताएँ भी किसी पैनी धार की तरह निखर रही थीं। ये बदलाव न बड़े थे, न ही विशेष थे, फिर भी उन बदलावों ने जैक के सपनों को साकार करने में एक महत्त्वपूर्ण भूमिका निभाई। हर बच्चा बचपन से न जाने कितने सपनों का पीछा करता है। उसके लिए सपनों का अर्थ होता है, वैसा ही हो जाना, वैसा ही बन जाना, फिर चाहे एस्ट्रोनॉट बनना हो, चाँद पर चलना हो या तारों को छूने की इच्छा, कितनी आसानी से बच्चा अपने सारे सपने बिना किसी झिझक के दूसरों के सामने खोलकर रख देता है, क्योंकि उसे विश्वास होता है कि वे एक दिन सच हो जाएँगे, जैसा कि जैक ने अपने कमरे में 17 लोगों के बीच 'अलीबाबा' जैसे अपने सपने को रखा था, लेकिन अधिकतर लोगों पर उम्र के साथ-साथ डर इतना हावी हो जाता है कि उनके बचपन के सपने सिर्फ सपनों तक सीमित रह जाते हैं और कभी तो वह उन सपनों के बारे सोचकर मुसकरा भी जाता है कि वह मूर्ख था, जो उसने सपने देखे, बच्चे तो कुछ भी सोचते और कुछ भी चाहते हैं! लेकिन असल जिंदगी में नायक वही बनते हैं, जो अपने बचपन के सपनों के बारे में ऐसा नहीं सोचते कि बच्चे तो

कुछ भी चाहते हैं।

जब जैक माध्यमिक विद्यालय में थे, तब उनके भूगोल के अध्यापक ने उन्हें बताया कि उन्होंने कुछ विदेशियों को झील के पास देखा है। जैक उन्हें देखने के लिए बहुत उत्साहित हो गए और मौका मिलते ही झील तक गए और फिर जल्दी ही उन्होंने यह अपनी रोजमर्रा की आदत में शामिल कर लिया। वे 70 मील साइकिल चलाकर विदेशी पर्यटकों को देखने के लिए जाते थे। अंग्रेज ही नहीं, अंग्रेजी भी उन्हें आकर्षित करती थी। जल्दी ही उन्होंने एक ऑस्ट्रेलियन परिवार के साथ फ्रिजबी गेम खेलते हुए मित्रता कर ली। जल्द ही वह मित्रता पत्र-व्यवहार में बदल गई और इसी पत्र-व्यवहार की मित्रता ने उनके संबंधों को इतना मजबूत बनाया कि जैक ने पहली बार चीन से निकलकर बाहर की दुनिया में कदम रखा। जिसके लिए उन्होंने कहा, "मेरी चाइनीज पुस्तकों में बाहर की दुनिया के बारे में जो कुछ लिखा था, कितना गलत था।" उस परिवार का जैक पर इतना गहरा प्रभाव पड़ा कि उन्होंने कहा कि उस परिवार के पिता बिल्कुल उसके पिता जैसे थे। उसके बाद उन्होंने बहुत से विदेशी पर्यटकों से दोस्ती की। उनकी अंग्रेजी उन सभी लोगों से बेहतर थी, जो चीन में उनके आसपास थे। भाषा ने न केवल उनके ज्ञान को बढ़ाया, बल्कि भाषा ने विश्व के प्रति उनकी सोच और उनके नजरिए को बदल दिया।

जब जैक माध्यमिक विद्यालय में थे, तब उनके भूगोल के अध्यापक ने उन्हें बताया कि उन्होंने कुछ विदेशियों को झील के पास देखा है। जैक उन्हें देखने के लिए बहुत उत्साहित हो गए और मौका मिलते ही झील तक गए और फिर जल्दी ही उन्होंने यह अपनी रोजमर्रा की आदत में शामिल कर लिया।

(क) हैबो की स्थापना

राष्ट्रपति निक्सन की यात्रा से पहले जैक जानते जरूर थे कि अंग्रेजी

भाषा कुछ ताकतवर देशों की प्रमुख भाषा है, लेकिन राष्ट्रपति की यात्रा के बाद उनकी अंग्रेजी के प्रति सामान्य रुचि और गहरी हो गई। अंग्रेजी सीखने का जुनून उन्हें एक असामान्य बच्चा बनाता था। पूरे हफ्ते वे स्कूल के बाद विदेशी पर्यटकों को घुमाने के लिए एक गाइड बन गए, जिसकी फीस थी अंग्रेजी भाषा सीखना। वयस्क होते-होते अंग्रेजी भाषा पर उनकी कमान और कसती चली गई। उन्हें गाइड का काम इतना पसंद था कि विदेशी पर्यटकों का दिया हुआ नाम 'जैक' विश्व भर में उनकी पहचान बन गया।

> *हर अवसर हमारे जीवन को एक नया बिंदु प्रदान करता है, लेकिन अधिकतर लोग इन अवसरों को नहीं पहचान पाते और पहचानते हैं तो अनदेखा करना ही बेहतर समझते हैं। उँगलियों पर गिने जानेवाले कुछ लोग ही अपने अवसरों को सही दिशा दे पाते हैं। अंग्रेजी चीन में बोली जानेवाली भाषा नहीं थी"*

हर अवसर हमारे जीवन को एक नया बिंदु प्रदान करता है, लेकिन अधिकतर लोग इन अवसरों को नहीं पहचान पाते और पहचानते हैं तो अनदेखा करना ही बेहतर समझते हैं। उँगलियों पर गिने जानेवाले कुछ लोग ही अपने अवसरों को सही दिशा दे पाते हैं। अंग्रेजी चीन में बोली जानेवाली भाषा नहीं थी, लेकिन पूरी दुनिया अंग्रेजी के आसपास घूमती थी, अगर जैक को विदेशों से कोई भी संबंध स्थापित करना था तो संवाद उसकी प्रथम सीढ़ी थी। 100 प्रतिशत कोई भी अपने अवसर के बारे में नहीं बता सकता कि उसके द्वारा उठाया गया कदम उसे सफलता की कितनी ऊँचाइयों पर लेकर जाएगा। जैक भी नहीं जानते थे कि उनकी अंग्रेजी सीखने की ललक उन्हें कहाँ लेकर जाएगी, लेकिन वे यह जरूर जानते थे कि अंग्रेजी विकसित देशों में एक आवश्यक संचार उपकरण है। जैक के समय में अंग्रेजी उनकी वर्तमान चीन की आवश्यकता नहीं थी, लेकिन फिर भी यह जैक की दूरदर्शिता थी कि उन्होंने भविष्य को वर्तमान परिस्थितियों से परे देखा। यह उनका विश्लेषण ही था कि उन्होंने देखा कि दुनिया अभी कैसे काम कर

रही है और उसमें क्या बदलाव हो सकता है ? कुछ वर्षों में या दशकों में कौन सी चीजें हैं, जो अपना प्रभाव डालेंगी। अमेरिकी प्रौद्योगिकियों, प्रवासियों और चीन में उनकी संस्कृति की बढ़ती दिलचस्पी चीन का भविष्य सुनिश्चित कर रही थी। निश्चित तौर पर वे नहीं जानते थे कि उनके लक्ष्य और आकांक्षाएँ उन्हें कहाँ तक लेकर जाएँगी, लेकिन उन्हें यह जरूर पता था, बहुत कुछ अधिक मशीनीकृत या कंप्यूटरीकृत हो जाएगा। बदलाव बहुत तरीकों से हो सकता था, यह आपके राष्ट्रीय और पेशे पर अलग-अलग तरीके से प्रभाव डालता।

गणित के साथ उनके संघर्ष की वजह से वे दो बार कॉलेज की प्रवेश परीक्षा में असफल रहे थे। एक बार तो उन्होंने गणित के 120 नंबर के पेपर में सिर्फ एक नंबर प्राप्त किया था, लेकिन तीसरी बार हांगझोऊ विश्वविद्यालय में प्रवेश पाकर अपनी कक्षा के अध्यक्ष चुने गए। स्नातक होने के बाद स्थानीय विश्वविद्यालय में अंग्रेजी के प्रति उनके स्वाभाविक झुकाव ने उन्हें अंग्रेजी का प्रोफेसर बनाया।

गणित के साथ उनके संघर्ष की वजह से वे दो बार कॉलेज की प्रवेश परीक्षा में असफल रहे थे। एक बार तो उन्होंने गणित के 120 नंबर के पेपर में सिर्फ एक नंबर प्राप्त किया था, लेकिन तीसरी बार हांगझोऊ विश्वविद्यालय में प्रवेश पाकर अपनी कक्षा के अध्यक्ष चुने गए। स्नातक होने के बाद स्थानीय विश्वविद्यालय में अंग्रेजी के प्रति उनके स्वाभाविक झुकाव ने उन्हें अंग्रेजी का प्रोफेसर बनाया। जहाँ उन्हें $ 12 प्रतिमाह का वेतन दिया जाता था। उनका पढ़ाने का तरीका उन्हें सबसे अलग शिक्षक की श्रेणी में रखता था। जहाँ एक ओर अधिकतर अध्यापक केवल किताबी ज्ञान को हस्तांतरित करते। वहीं जैक के पढ़ाने का तरीका किस्से-कहानियों और हास्य-व्यंग्य से होता हुआ छात्रों तक पहुँचता था। यही था, जो जैक को सबसे अलग बनाता था। उनका बात करने का तरीका, उनका बात को रखने का तरीका। उनके अंदर लगातार बोलने की क्षमता थी। वह बिना

किसी तैयारी के बहुत देर तक बोल सकते थे और अपनी बातों से लोगों को बाँध सकते थे। उनकी बातें लोगों को प्रभावित करती थीं और रुचिकर होती थीं, जिनमें आत्मविश्वास और जोश झलकता था और यह सब उनके लिए बहुत सहज था। इसके लिए उन्हें कोई विशेष तैयारी की आवश्यकता नहीं थी। जब वे बोलते तो उनकी बातों में बुद्धिमत्ता का समावेश होता, जिसने जल्द ही जैक को विश्वविद्यालय का सबसे पसंदीदा शिक्षक बना दिया। उनकी संवाद क्षमता का यहीं अंत नहीं था, यह तो शुरुआत थी। चाहे बात किसी विदेशी मित्र की हो या किसी पर्यटक की, उन्होंने अपनी इस अद्‌भुत कला का भरपूर प्रदर्शन किया है, अगर आपके अंदर अपनी बात रखने की कला है तो आप न केवल दूसरे को प्रभावित करते हैं, बल्कि वह आपको अपने लक्ष्य तक पहुँचाने में नींव का काम करती है।

जापान की बड़ी फाइनेंशियल कंपनी सॉफ्टबैंक से जैक मा कर्ज लेने में कामयाब हुए थे। यह कंपनी चीन के आई.टी. सेक्टर में निवेश करती थी। अलीबाबा में शुरुआती निवेश करनेवालों में से एक वू यिंग ने वेबसाइट पर जैक के बारे में लिखा था—'एक पुरानी सी जैकेट और हाथ में एक कागज पकड़े वह हमारे पास आया था। कुल छह मिनट में उसने निवेशकों को इतना यकीन दिला दिया कि उसे कर्ज देने में निवेशकों को घाटा नहीं होगा और उसने दो करोड़ अमेरिकी डॉलर का कर्ज ले लिया।'

जापान की बड़ी फाइनेंशियल कंपनी सॉफ्टबैंक से जैक मा कर्ज लेने में कामयाब हुए थे। यह कंपनी चीन के आई.टी. सेक्टर में निवेश करती थी। अलीबाबा में शुरुआती निवेश करनेवालों में से एक वू यिंग ने वेबसाइट पर जैक के बारे में लिखा था—'एक पुरानी-सी जैकेट और हाथ में एक कागज पकड़े वह हमारे पास आया था।

अंग्रेजी में उनकी जानकारी इतनी अच्छी थी कि उनके कॉलेज ने उन्हें इंटरनेशनल बिजनेस कोर्स में प्रवेश दे दिया। जहाँ उन्होंने पढ़ाने के साथ-साथ

इंटरनेशनल बिजनेस की पढ़ाई भी की। चीनी सरकार को चीन को विदेशी बाजार के लिए खुले हुए ज्यादा समय नहीं गुजरा था। चीन में कुछ लोग ऐसे थे, जो अंतरराष्ट्रीय व्यापार को पसंद करते थे और कुछ लोग ऐसे भी थे, जो अंतरराष्ट्रीय व्यापार को नापसंद करते थे, लेकिन एक बहुत बड़ा हिस्सा था, जो अर्थव्यवस्था में सुधार चाहता था। अंतरराष्ट्रीय व्यापार की नीतियाँ केवल कुछ विशेषज्ञों तक ही सीमित थीं। वहाँ सबसे बड़ी समस्या थी—संवाद की समस्या। व्यापारिक संबंधों की समस्या और लंबे समय से बंद अर्थव्यवस्था विदेशी व्यापारियों से कैसे प्रतिस्पर्धा कर पाएगी? एक बड़ी समस्या थी, जैसे ही चीन ने विश्व के लिए अपने दरवाजे खोले, वैसे ही अंतरराष्ट्रीय तौर-तरीकों, शिष्टाचार संबंधी नियमों का महत्त्व बढ़ गया था। हर एक बड़ा व्यापारी अंतरराष्ट्रीय संबंध बनाना चाहता था, लेकिन उसे समझने के लिए और अपने क्षेत्र को बढ़ाने के लिए, उसे अतिरिक्त जानकारी की जरूरत थी। इसी के चलते बहुत से सायंकालीन स्कूल खोले गए थे। जहाँ जैक मा को अंतरराष्ट्रीय व्यापार पर अंग्रेजी में व्याख्यान देने का मौका मिला। वे दिन में नौकरी करते और रात को सायंकालीन स्कूल में पढ़ाते। इसी के चलते आसपास के लोग उन्हें अंग्रेजी का सबसे बड़ा जानकार समझने लगे थे। आगे चलकर यह ज्ञान उनके लिए मील का पत्थर साबित हुआ।

> ***व्यापारिक संबंधों की समस्या और लंबे समय से बंद अर्थव्यवस्था विदेशी व्यापारियों से कैसे प्रतिस्पर्धा कर पाएगी? एक बड़ी समस्या थी, जैसे ही चीन ने विश्व के लिए अपने दरवाजे खोले, वैसे ही अंतरराष्ट्रीय तौर-तरीकों, शिष्टाचार संबंधी नियमों का महत्त्व बढ़ गया था।***

सबसे ज्यादा जरूरी है—खुद पर काम करते रहना, क्योंकि जिस क्षण हम बढ़ने की कोशिश करना बंद कर देते हैं, हमारी गति रुक जाती है। हम प्रासंगिकता खोने लगते हैं। सफलता खुद को लगातार विकसित करते रहने पर ही निर्भर करती है, खुद को बेहतर बनाना एक सफल व्यक्ति की पहचान है।

उनका पहला व्यवसाय भी उनके अंग्रेजी के प्रति उनके भाषा प्रेम से होता हुआ उन तक पहुँचता है। पाँच साल कॉलेज में प्रोफेसर की नौकरी करने के बाद जैक ने अनुभव किया कि उन्हें किसी नदी में नहीं, समुद्र में छलाँग लगा देनी चाहिए। उन्होंने कहा, "उन्होंने जो भी कुछ पढ़ाया था, वह सिर्फ किताबी ज्ञान तक सीमित था।" वे कहते हैं, "मैं वास्तविक अनुभव लेना चाहता था। चाहे मैं उसमें सफल होता या असफल, यह महत्त्वपूर्ण नहीं था। यदि मैं असफल भी होता तो यह मेरे विद्यार्थियों के साथ बाँटा गया मेरा वास्तविक अनुभव होता।" 1994 में उन्होंने एक अनुवाद कंपनी खोली, जो पर्यटन और विदेशी, व्यापार में लगे स्थानीय व्यवसायियों की मदद करती थी। यह वह समय था, जब उनकी अंग्रेजी को लेकर उनके पूरे शहर में उन्हें जाना जाने लगा था। गाइड बनना और अंग्रेजी सीखना, दो छोटी ऐसी बातें थीं, जिन्होंने उनके व्यक्तित्व को और निखारा। एक गाइड के तौर पर उन्होंने अपनी बात रखने की कला को विकसित किया और अंग्रेजी भाषा का प्रेमी होने के कारण उन्होंने एक ताकतवर भाषा को अपना हथियार बनाया और इसी के आधार पर वे चीन की वर्तमान स्थिति से निकलकर, उसके भविष्य निर्माता के रूप में उभरे। यह उनके जीवन का शुरुआती दौर था, लेकिन यहीं से उनके सपनों ने, जो अभी तक सिर्फ पैदल चलते रहे थे, पंख फैलाने शुरू कर दिए थे।

एक गाइड के तौर पर उन्होंने अपनी बात रखने की कला को विकसित किया और अंग्रेजी भाषा का प्रेमी होने के कारण उन्होंने एक ताकतवर भाषा को अपना हथियार बनाया और इसी के आधार पर वे चीन की वर्तमान स्थिति से निकलकर, उसके भविष्य निर्माता के रूप में उभरे।

इस कंपनी का नाम 'हैबो' था। 'हैबो' का अंग्रेजी में विशेष अर्थ 'उम्मीद' होता है, लेकिन चीन की स्थानीय भाषा में 'है' का अर्थ 'सागर' और 'बो' का अर्थ 'आशा' है। एजेंसी खोलने के बाद जैक मा ने अपनी नौकरी

नहीं छोड़ी। उन्होंने कुछ अवकाश प्राप्त अंग्रेजी शिक्षकों को नियुक्त कर लिया था। यह व्यापार की बड़ी दुनिया में प्रवेश था। यह यात्रा पाँच कर्मचारियों से शुरू हुई थी। ऐसी कंपनी की शहर को बहुत आवश्यकता थी, लेकिन उसके बाद भी इसने सफलता का स्वाद नहीं चखा। हैबो को काम नहीं मिल रहा था। पहले महीने की कमाई 700 युआन थी और खर्चा 2000 युआन। पैसे की तंगी के कारण जैक पर बहुत दबाव था। उन्होंने फिर एक बार अपनी दूरदर्शिता का परिचय दिया। उन्होंने अपनी दुकान का आधा हिस्सा बुक स्टॉल के रूप में किराए पर उठा दिया और यूनिवर्सिटी में नौकरी करते हुए खाली समय मिलने पर वे अपनी मोटरसाइकिल पर बैठ अपने कंधों पर सामान से भरे हुए थैले लटका लेते, जिसमें ताजा फूलों से लेकर जुराब, कच्छे, बनियान ऐसी जरूरत की छोटी-छोटी चीजें होतीं और 137 किलोमीटर दूर बाजार तक जाते। वे एक फेरीवाले बन चुके थे। उनके शब्द होते—"चाहे आप किसी भी दिशा में जा रहे हैं, कम-से-कम एक नजर मेरे सामान पर डालते जाएँ, क्योंकि यदि आप चूक गए तो आपको पछताना पड़ेगा। मैं यहाँ वापस लौटकर नहीं आऊँगा।"

> ***"चाहे आप किसी भी दिशा में जा रहे हैं, कम-से-कम एक नजर मेरे सामान पर डालते जाएँ, क्योंकि यदि आप चूक गए तो आपको पछताना पड़ेगा। मैं यहाँ वापस लौटकर नहीं आऊँगा।"***

रात होते-होते उनकी ज्यादातर चीजें बिक चुकी होतीं। उनके हर व्यवसाय और घटना के पीछे एक गहरा अनुभव काम कर रहा था। चाहे वह पटरी पर लगी दुकानें हों या फूल बेचने का अनुभव, यूनिवर्सिटी का प्रोफेसर हो या अनुवाद एजेंसी का मालिक या गाइड के तौर पर अंग्रेजी सीखने की ललक। उन्होंने अपने अंदर की ऊर्जा का भरपूर इस्तेमाल किया था। उनकी मेहनत के दम पर ही 1994 के समाप्त होते-होते अनुवाद एजेंसी ने अपने नुकसान की भरपाई कर ली थी और वह अब मुनाफा कमाने की राह पर थी। आज भी हैबो हांगझोऊ की सबसे बड़ी अनुवाद एजेंसी के रूप में अपनी

पहचान रखती है। कामयाबी का स्वाद चखने के कई वर्षों बाद जैक ने हैबो लौटकर उसके दरवाजे पर कदम रखा था तो उनकी आँखों में स्मृतियाँ दौड़ गई थीं, उन्होंने उसी समय कागज पर तीन शब्द लिखे थे—'हिम्मत मत हारो!' ये आज भी हैबो की वेबसाइट पर दर्ज हैं।

(ख) इंटरनेट से परिचय

जब तक हम जीवित हैं, हमारी सीखने की इच्छा रहनी चाहिए। आप जहाँ भी हैं, आप जो भी कर रहे हैं, वहाँ हमेशा कुछ-न-कुछ सीखते रहने की संभावना होती है। जैक अंग्रेजी सीखते हुए न केवल खुद को भविष्य के लिए तैयार कर रहे थे, बल्कि वे इतनी तेजी के साथ सीख रहे थे कि उसने उन्हें अपने समय के लोगों से आगे लाकर खड़ा कर दिया। सीखना कभी भी व्यर्थ नहीं होता। हर अनुभव एक सीख का निर्माण करता है। चाहे वह वर्तमान समय में प्रासंगिक न हो, लेकिन भविष्य में उसकी उपयोगिता जाहिर हो जाती है। यदि आप सफल होना चाहते हैं तो आपको हमेशा जिज्ञासु बने रहना होगा। बिल एक अमरीकी शिक्षक था, जो चीन के एक मेकैनिकल इंजीनियरिंग कॉलेज में पढ़ाता था। जल्दी ही जैक मा और उसकी गहरी दोस्ती हो गई। वे हर एक मुद्दे पर खुलकर बात करते। कई बार जैक उसे अपने घर आमंत्रित करते और धीरे-धीरे यह दोस्ती गहराती चली गई।

जैक मा का व्यापार बहुत अच्छा चल रहा था। चाहे वह उनकी अनुवाद कंपनी हो या उनका सायंकालीन स्कूल में अंग्रेजी शिक्षक होना या उनकी यूनिवर्सिटी की नौकरी उनके पास आमदनी के कई जरिए थे। उनका जीवन स्थिर हो गया था और आर्थिक रूप से उन्हें कोई परेशानी नहीं थी।

जैक मा का व्यापार बहुत अच्छा चल रहा था। चाहे वह उनकी अनुवाद कंपनी हो या उनका सायंकालीन स्कूल में अंग्रेजी शिक्षक होना या उनकी यूनिवर्सिटी की नौकरी उनके पास आमदनी के कई जरिए थे। उनका जीवन

स्थिर हो गया था और आर्थिक रूप से उन्हें कोई परेशानी नहीं थी। जैक चाहते तो अपनी पूरी जिंदगी एक उच्च मध्यमवर्गीय व्यक्ति के रूप में गुजार सकते थे, लेकिन जिज्ञासा उनके दिमाग में बैठी हुई थी। हर वक्त उनके दिमाग में नई योजनाएँ जन्म लेती थीं। जब वे बिल से बात कर रहे थे तो उन्होंने एक आश्चर्यजनक चीज के बारे में सुना—'इंटरनेट'। आप दुनिया के एक कोने में रहकर दूसरे कोने में रहनेवाले व्यक्ति से बात कर सकते हैं और अपना ज्ञान, अनुभव सबकुछ साझा कर सकते हैं। यह किसी कल्पना से कम नहीं था। जैक मा की जिज्ञासा ने उन्हें वाइन पीते हुए कुरसी पर बैठने नहीं दिया। यह सुनते ही जैक मा के दिमाग में हजारों विचार और योजनाएँ जन्म लेने लगीं। उनके लिए कुरसी पर बैठकर वाइन का गिलास हाथ में पकड़ना मुश्किल सा हो गया था। वे अपने कमरे में चक्कर लगा रहे थे और नई संभावनाओं से भरे इस सूचना युग की दस्तक स्पष्ट सुन रहे थे। उन्होंने पहले कभी इंटरनेट का नाम नहीं सुना था, पर उन्हें यकीन था कि यह शक्ति लोगों की जिंदगी बदल देगी। यह कल्पना ही उत्साहित करनेवाली थी। जैक मा ने अपनी नई मंजिल तय कर ली थी 'इंटरनेट', लेकिन इंटरनेट जैक के लिए दूर की कौड़ी था, क्योंकि चीन का इंटरनेट से अभी कोई भी संबंध नहीं था, लेकिन जल्द ही जैक मा को मौका मिला।

एक किशोर के रूप में जैक ने सीखा कि अवसरों को सफलता में कैसे बदला जाता है। विदेशियों के साथ उनकी संवाद करने की क्षमता सरकार से भी अछूती नहीं रही थी। स्थानीय सरकार का विवाद एक अमरीकी साझेदार से चल रहा था। खुली हुई अर्थव्यवस्था के चलते विदेशी उत्पादों की वृद्धि हुई थी।

एक किशोर के रूप में जैक ने सीखा कि अवसरों को सफलता में कैसे बदला जाता है। विदेशियों के साथ उनकी संवाद करने की क्षमता सरकार से भी अछूती नहीं रही थी। स्थानीय सरकार का विवाद एक अमरीकी साझेदार

से चल रहा था। खुली हुई अर्थव्यवस्था के चलते विदेशी उत्पादों की वृद्धि हुई थी। हांगझोऊ सरकार एक राजमार्ग बना रही थी। यह खुली हुई अर्थव्यवस्था का ही हिस्सा था कि एक विदेशी निवेशक ने उसमें पैसे लगाए थे। इस राजमार्ग से संसाधनों और आर्थिक व्यवस्था में तेजी आने की संभावना थी। जल्द ही अनुबंधन पर सहमति बन गई और परिवहन विभाग ने हजारों लोगों को इस राजमार्ग को बनाने में लगा दिया, लेकिन निवेशकों ने अपना हाथ खींच लिया और कारीगरों का भुगतान करने के लिए सरकार के पास पैसे नहीं थे। सरकार के पास अंग्रेजी में बात करने के अलावा निवेशकों से बातचीत का कोई साधन नहीं था, पर फोन कॉल्स पर अधिक बात संभव नहीं थी, इसलिए सरकार ने निर्णय लिया कि किसी व्यक्ति को भेजा जाए। जैक मा को हाँगकाँग भेजा गया। यह 1995 में हाँगकाँग की एक निरर्थक यात्रा थी, क्योंकि हर आदमी हाँगकाँग छोड़ने की तैयारी में लगा था। जिसे राजमार्ग बनाने में कोई दिलचस्पी नहीं थी। किसी के पास समय नहीं था कि वह जैक मा के विचार सुनकर उस पर अपनी टिप्पणी दे सके। जैक मा वापस हांगझोऊ लौट रहे थे, पर अधूरे काम और भुगतान का जवाब अभी भी यातायात विभाग के अधिकारियों पर वैसा ही बना हुआ था। अधिकारियों ने यह निर्णय लिया कि जैक मा को सीधा निदेशक मंडल से बातचीत करने के लिए अमेरिका भेजा जाए और फिर सरकार ने जैक को संयुक्त राज्य अमेरिका की यात्रा करने की पेशकश की। जैक ने उम्मीदों के साथ उड़ान भरी थी, लेकिन जब वे लॉस एंजिल्स पहुँचे तो उन्हें पता चला कि वह व्यक्ति, जिससे मिलने के लिए वे आए थे, एक ठग था।

किसी के पास समय नहीं था कि वह जैक मा के विचार सुनकर उस पर अपनी टिप्पणी दे सके। जैक मा वापस हांगझोऊ लौट रहे थे, पर अधूरे काम और भुगतान का जवाब अभी भी यातायात विभाग के अधिकारियों पर वैसा ही बना हुआ था।

यही एक अवसर था, जिसने जैक की जिंदगी बदल दी। जैक मा वापस

चीन लौटना चाहते थे, लेकिन उसके पास केवल 25 सेंट थे। उनके मन में स्लॉट मशीन को देखकर एक विचार आया, उन्होंने एक के बाद एक अपने बीस सेंट मशीन में डाल दिए, परंतु उसका कोई परिणाम नहीं निकला, फिर और तीन सेंट भी स्लॉट मशीन में डाले। अब उनके पास केवल दो सेंट बचे थे, लेकिन इस बार ईश्वर उनपर मेहरबान था, उसको शायद विदेश में बिना पैसों के खड़े एक चीनी लड़के पर तरस आ गया था। मशीन के अंदर से एक गड़गड़ाती हुई आवाज आई और स्लॉट मशीन ने $ 600 निकाल दिए। 25 सेंट के बदले $ 600 अब उनके पास वापस लौटने के लिए पर्याप्त पैसा था। उन्होंने बिना देर किए सिएटल के लिए अपनी टिकट बुक करा ली। सिएटल में बिल का दामाद भी रहता था। जिसने गर्मजोशी के साथ जैक मा का स्वागत किया। एक अच्छी नींद और अच्छे भोजन के बाद जैसे जैक मा की शक्ति ने दोबारा काम करना शुरू कर दिया था। घूम-घूमकर उनके दिमाग में पुराने सवाल उमड़ रहे थे 'इंटरनेट'। इतने समय अमेरिका में रहने के बाद वह महसूस कर चुके थे कि हर व्यक्ति उसका इस्तेमाल कर रहा है, अगर वह इतना जरूरी है तो वह कैसे काम करता है और वह क्या चीज है? उन्होंने बिना देर किए बिल के दामाद के सामने अपनी जिज्ञासा प्रकट कर दी, जो उनका अमरीकी दोस्त बन चुका था। वह जैक मा को एक इंटरनेट कंपनी में ले गया।

वहाँ उसने उनकी मुलाकात कंप्यूटर से कराई। उस समय को याद करते हुए जैक कहते हैं कि—"मैं कंप्यूटर को छूने से डर रहा था। इतनी महँगी चीज को मैं कैसे छू सकता था!" लेकिन उनका दोस्त उन्हें यह यकीन दिलाने में कामयाब हो गया कि इससे डरने की आवश्यकता नहीं है और पहली बार जैक ने BEAR टाइप किया।

वहाँ उसने उनकी मुलाकात कंप्यूटर से कराई। उस समय को याद करते हुए जैक कहते हैं—"मैं कंप्यूटर को छूने से डर रहा था। इतनी महँगी चीज को मैं कैसे छू सकता था!" लेकिन उनका दोस्त उन्हें यह यकीन

दिलाने में कामयाब हो गया कि इससे डरने की आवश्यकता नहीं है और पहली बार जैक ने BEAR टाइप किया। बीअर लिखते ही जापानीज, जर्मन बीअर, इस शब्द से जुड़े कितने ही पेज जैक के सामने खुल गए। उन्हें यह देखकर आश्चर्य हुआ कि चीन का वहाँ कहीं नाम नहीं था, क्योंकि वह तो अब तक चीन की किंगदाओ और यांजिंग को दुनिया की सबसे जानी-मानी बीअर समझते आए थे, फिर उन्होंने चाइनीस बीअर लिखा और इंटरनेट की प्रतिक्रिया थी, कोई परिणाम नहीं। यह दिलचस्प तो था ही, साथ-ही-साथ हैरान कर देनेवाला भी था, परंतु यह उनकी जिज्ञासा का अंत नहीं था। यह शुरुआत थी इंटरनेट की शक्ति को पहचानने की। पहचानने के बाद उसमें अपनी जिज्ञासा बनाए रखने की।

हर दिन हमारे सामने खुद को बेहतर बनाने का एक अवसर होता है। यदि हम उन अवसरों का लाभ उठाने में विफल हो जाते हैं तो जीवन भर शिकायत ही शेष रहती है। जीवन को जीने के लिए हमारा नजरिया स्पष्ट, निष्पक्ष होना चाहिए। हमारी नजरें हमेशा अवसरों पर टिकी रहनी चाहिए।

(ग) चाइना येलो पेजेस

हर दिन हमारे सामने खुद को बेहतर बनाने का एक अवसर होता है। यदि हम उन अवसरों का लाभ उठाने में विफल हो जाते हैं तो जीवन भर शिकायत ही शेष रहती है। जीवन को जीने के लिए हमारा नजरिया स्पष्ट, निष्पक्ष होना चाहिए। हमारी नजरें हमेशा अवसरों पर टिकी रहनी चाहिए। बचपन से ही जैक के दादा-दादी चीन की राष्ट्रवादी पार्टी के समर्थक और सक्रिय सदस्य थे। यह एक ऐसा संगठन था, जो कम्युनिस्ट सरकार का सबसे बड़ा विरोधी था। इसके लिए जैक के परिवार को लगातार परेशानियों का सामना करना पड़ा, जिसके चलते आम परिवारों की तुलना में जैक के लिए जीवन थोड़ा और मुश्किल हो गया था, लेकिन ये परिस्थितियाँ जैक के दृढ़ विश्वास को कभी डिगा नहीं पाईं। जीवन के शुरुआती दौर में उन्होंने बहुत सी विफलताओं का सामना किया, लेकिन हर

असफल प्रयास की जिम्मेदारी ली। वे खुद को तराशते गए और अपने सपनों को पाने के लिए लड़ते रहे। कई बार जीवन में हमें उन समस्याओं का सामना करना पड़ता है, जो हमारी गलतियों का परिणाम होती हैं, लेकिन जैक ने उन परिस्थितियों का सामना भी दृढ़ता के साथ किया, जो बचपन से उनके परिवार के साथ गोंद की तरह चिपकी हुई थीं कि वे राष्ट्रवादी पार्टी के समर्थक थे।

यदि आप जीवन में सफल होना चाहते हैं तो आपको यह हमेशा याद रखना होगा कि ऐसी परिस्थितियाँ भी होंगी, जिन पर आपका बिल्कुल भी नियंत्रण नहीं होगा। ऐसी चुनौतियों का सामना करने के लिए आपको अपने अंदर हर दिन नई शक्ति का संचार करने और अपनी शक्ति को और मजबूत करने की आवश्यकता होती है। आपका नजरिया इस बात को लेकर हमेशा स्पष्ट होना चाहिए कि आप किन समस्याओं को पहचानकर उन्हें हल कर सकते हैं और किसे नहीं कर सकते। हो सकता है, कभी आप मुकाबला न कर पाएँ, लेकिन जितनी जल्दी आप परिस्थितियों को स्वीकार करना सीखेंगे, उतना ही आसान आपके लिए चुनौतियों का सामना करना होगा। इससे आप बाधाओं के बावजूद सफलता प्राप्त करने के लिए अपना रास्ता बना सकेंगे। सभी अवसरों का उपयोग करना सीखें और चुनौतीपूर्ण परिस्थितियों से निपटना भी। आपको कभी पीछे नहीं हटना चाहिए। हमेशा जिम्मेदारी लेते हुए उत्सुक रहना चाहिए।

यदि आप जीवन में सफल होना चाहते हैं तो आपको यह हमेशा याद रखना होगा कि ऐसी परिस्थितियाँ भी होंगी, जिन पर आपका बिल्कुल भी नियंत्रण नहीं होगा। ऐसी चुनौतियों का सामना करने के लिए आपको अपने अंदर हर दिन नई शक्ति का संचार करने और अपनी शक्ति को और मजबूत करने की आवश्यकता होती है।

विश्व के इस मंच पर चीन कहीं भी नहीं था। अमेरिकी दोस्त ने उनसे कहा था कि उनका एक वेब पेज होना चाहिए। यदि उन्होंने वेब पेज का

निर्माण किया तो शायद चीन का यह पहला वेब पेज होगा। आपको अपना खुद का व्यवसाय पेज बनाना पड़ेगा, ताकि आप अपनी कंपनी के कार्यस्थल से लेकर अन्य जानकारियाँ उस पर उपलब्ध करा सकें, फिर उसके बाद आपको सर्च इंजन से उसे कनेक्ट करना पड़ेगा, जिससे आपको उन लोगों की भी सूचना मिल सकेगी, जो इससे मिलते-जुलते शब्दों को सर्च कर रहे हैं। उसने सूचनाएँ अपलोड करना और सर्च करने का तरीका भी जैक को बता दिया था। जैक ने फैसला किया कि वह हैबो का पेज बनाएँगे। वह कवर पेज बहुत ही जल्दबाजी में बना था, लेकिन उसे चीन की पहली वेबसाइट का सम्मान मिला। यह इंटरनेट पर रजिस्टर चीन की पहली ऑनलाइन वेबसाइट थी।

तब उनके अमरीकी दोस्त ने, जिसने उनकी वेबसाइट बनाई थी, उन्हें फोन किया, "जल्दी आकर देखिए, आपके नाम पाँच इ-मेल आ चुके हैं।" यह किसी सपने के सच होने जैसा था। यह मेल जापान, यूरोप, अमेरिका से आए थे, जिनमें लिखा था, हमारी जानकारी के अनुसार यह चीन की पहली वेबसाइट है।

तब उनके अमरीकी दोस्त ने, जिसने उनकी वेबसाइट बनाई थी, उन्हें फोन किया, "जल्दी आकर देखिए, आपके नाम पाँच इ-मेल आ चुके हैं।" यह किसी सपने के सच होने जैसा था। यह मेल जापान, यूरोप, अमेरिका से आए थे, जिनमें लिखा था, हमारी जानकारी के अनुसार यह चीन की पहली वेबसाइट है। जैक के लिए यह किसी आश्चर्य से कम नहीं था। इंटरनेट का उज्ज्वल और चमकीला भविष्य उनकी आँखों के सामने तैर रहा था। वह खुद को घोड़े पर सवार महसूस कर रहे थे। दुनिया के किसी कोने से उनके पास एक सेकंड के अंदर मेल आना वाकई हैरान कर देनेवाली बात थी। उन्होंने अपने जीवन में हर दाँव ऐसे ही खेला और खुद को आजमाया, लेकिन हर दाँव के पीछे उनकी पिछली कई योजनाएँ और परिश्रम था, अब जैक इतने सक्षम थे कि वे सभी घरेलू उत्पादों और सूचना को एकत्र करके एक व्यावसायिक वेबसाइट बना सकते थे और

पैसा भी कमा सकते थे। उन्होंने अपने अमेरिकी दोस्त को यह कहकर शामिल कर लिया कि हम दोनों साथ मिलकर काम करेंगे।

उसी दिन बी2बी इ-कॉमर्स मॉडल की शुरुआत हुई। जो डॉलर जैक के पास थे, उनसे उन्होंने 386 कंप्यूटर खरीदा। जैक ने अपने कुछ विश्वसनीय दोस्तों को बुलाकर एक मीटिंग रखी। इस मीटिंग में 24 लोग शामिल थे। जो पिछले कई सालों से जैक के साथ काम कर रहे थे और उनके विश्वासपात्र थे। जैक उनके सामने लगातार बोल रहे थे और वह आश्चर्य के साथ उनको सुन रहे थे कि इंटरनेट जैसी कोई चीज है, जो दुनिया को बदलकर रख सकती है और जिसकी शुरुआत कई देशों में हो चुकी है। वह अपने सभी दोस्तों से हामी की उम्मीद कर रहे थे, लेकिन लोग आश्चर्यचकित होकर जैक मा को देख रहे थे। उनके चेहरे के भाव स्पष्ट बता रहे थे, जो चीज देखी और सुनी नहीं है, उस पर विश्वास करके अपनी धनराशि कैसे खर्च की जा सकती है? जैक इतनी बे-सिर-पैर की बातें कैसे कर सकते हैं? चुप्पी तोड़ते हुए किसी ने पूछा, 'जो तुम कह रहे हो, सुनने में बहुत अच्छा है, लेकिन इतनी जल्दबाजी में अगर फैसला लिया गया तो शायद ठीक नहीं होगा और अभी तो सरकार ने भी यह काम शुरू नहीं किया है तो फिर हम कैसे कर सकते हैं? यह खतरनाक हो सकता है।' और जो लोग बोल नहीं पाए थे, उन्होंने उस व्यक्ति की हाँ-में-हाँ मिला दी। अभी पूरे चीन में यह सुविधा उपलब्ध नहीं है तो हम कैसे सोच सकते हैं? इतना बोलने के बाद भी जैक मा किसी को विश्वास दिलाने में नाकामयाब रहे थे। इस तरह 24 लोगों में से 23 लोगों ने उनके विपक्ष में वोट दिया। सिर्फ एक आदमी था,

उसी दिन बी2बी इ-कॉमर्स मॉडल की शुरुआत हुई। जो डॉलर जैक के पास थे, उनसे उन्होंने 386 कंप्यूटर खरीदा। जैक ने अपने कुछ विश्वसनीय दोस्तों को बुलाकर एक मीटिंग रखी। इस मीटिंग में 24 लोग शामिल थे। जो पिछले कई सालों से जैक के साथ काम कर रहे थे और उनके विश्वासपात्र थे।

जिसने कहा, "हम इस रास्ते पर बढ़ सकते हैं, अगर सफलता नहीं मिली तो हम अपना फैसला बदल सकते हैं।" वे थे 'हे यिबिंग'।

जैक मा अपने फैसले पर अटल थे, उन्होंने सुबह होते ही अपने कॉलेज में इस्तीफा दे दिया। यह सबके लिए एक आश्चर्य की बात थी, क्योंकि कॉलेज में उनकी पदोन्नति के लिए निर्णय लिया जा चुका था। जैक मा ने सितंबर 1995 में अपने पद से त्याग-पत्र दिया था, उस समय उनकी उम्र लगभग 30 वर्ष थी। उन्होंने मेहनत से कुछ युआन भी इकट्ठे किए थे। करीब 6,000 युआन, कुछ कर्ज दोस्तों और रिश्तेदारों से लिया। हैबो के कुछ उपकरण के अतिरिक्त, कुछ शेयरधारकों के शेयर भी बेच दिए। इस तरह उन्होंने 10,000 युआन इकट्ठे किए और चीन की पहली व्यापारिक वेबसाइट 'चाइना येलो पेजेस' की स्थापना की। उनकी कंपनी का नाम था—'ज्हेजिंग हैबो इंटरनेशनल टेक्नोलॉजी कंपनी लिमिटेड।'

हांगझोऊ, चाइना येलो पेजेस की शुरुआत के चार महीने बाद तक इंटरनेट संपर्क से वंचित रहा था। उनकी इंटरनेट कंपनी चीनी कंपनियों के लिए एक ऑनलाइन अंग्रेजी भाषा की डायरेक्टरी थी और जानकारी मुहैया कराती थी।

हांगझोऊ, चाइना येलो पेजेस की शुरुआत के चार महीने बाद तक इंटरनेट संपर्क से वंचित रहा था। उनकी इंटरनेट कंपनी चीनी कंपनियों के लिए एक ऑनलाइन अंग्रेजी भाषा की डायरेक्टरी थी और जानकारी मुहैया कराती थी। उसके बाद उन विवरणों को सिएटल पोस्ट किया जाता था, इसलिए शुरू में उन्होंने संभावित ग्राहकों के रूप में जिन लोगों को अपना लक्ष्य बनाया था, उनके लिए इस पर यकीन कर पाना कठिन था। ग्राहकों को लग रहा था कि जैक कोई अजूबा बेचने की कोशिश कर रहे हैं। जब एक बार उन्होंने बिक्री कर ली तो उस कंपनी की जानकारी इकट्ठी की और अपने दोस्त को सिएटल भेज दी, ताकि वह एक वेबपेज बना सकें और साबित कर सकें कि जैक की वेबसाइट का अस्तित्व है। इसके लिए जैक के अमरीकी दोस्त ने हर पन्ने का

प्रिंटआउट लेकर जैक को वापस चीन भेजा, ताकि जैक उन्हें ग्राहकों को दिखा सकें और उनका विश्वास जीत सकें। ग्राहकों को होम पेज का वेब पता और फोन नंबर दिया जाता था, जिससे वह सिएटल ऑफिस में संपर्क करके अपनी शंकाओं का समाधान कर सकें कि उनकी कंपनी सफलतापूर्वक इंटरनेट पर दर्ज हो चुकी है।

शुरुआती दौर में कुछ सफलता मिली, लेकिन यह बहुत जटिल और बहुत समय लेनेवाली प्रक्रिया थी। अंतरराष्ट्रीय डाक सेवा बहुत महँगी थी और पूरा काम होने में कम-से-कम दो हफ्ते लगते थे। हांगझोऊ में इंटरनेट नहीं था। न ही वहाँ किसी को इसकी जानकारी थी। दूसरी ओर अमेरिकी साझेदार को मुनाफे का 60 प्रतिशत देना होता था और कंपनी के पास केवल 40 प्रतिशत ही बचता, पर जैक ने अपनी उम्मीदों को नहीं छोड़ा था। वे हर परिस्थिति से लड़ने के लिए तैयार थे। उन्होंने हर किसी व्यक्ति से संपर्क किया, चाहे वह पारिवारिक, परिचित, दोस्त कोई भी क्यों न हो। सबको इंटरनेट के बारे में जागरूक किया। यहाँ तक कि जिन लोगों के पास पैसे नहीं होते थे, उनका काम जैक मुफ्त में करते थे। वे लोगों को इंटरनेट के प्रति जागरूक करना चाहते थे, फिर एक आशा की किरण देखी जुलाई 1995 में, सिंघाई इंटरनेट से जुड़ गया। यह खबर सुनते ही जैक ने 486 कंप्यूटर खरीदा। नेट की गति बहुत धीमी थी, लेकिन उन्हें खुशी इस बात की थी कि धीरे-धीरे लोग इंटरनेट के बारे में जानने लगे थे। उसकी उपयोगिता को पहचानने लगे थे और लोगों का विश्वास जैक पर बढ़ने लगा था। पिछले कुछ समय में हांगझोऊ की एक कंपनी के मालिक ने जैक पर इ-कॉमर्स के नाम पर लोगों को फँसाने का

शुरुआती दौर में कुछ सफलता मिली, लेकिन यह बहुत जटिल और बहुत समय लेनेवाली प्रक्रिया थी। अंतरराष्ट्रीय डाक सेवा बहुत महँगी थी और पूरा काम होने में कम-से-कम दो हफ्ते लगते थे। हांगझोऊ में इंटरनेट नहीं था। न ही वहाँ किसी को इसकी जानकारी थी।

आरोप भी लगाया था, पर आखिरकार वह दिन आ ही गया, जब चाइना यलो पेजेस ने मुनाफा कमाना शुरू कर दिया।

परंतु जैक के लिए यह संतुष्टि का विषय नहीं था। उन्हें इस बात का आभास था, यदि उन्हें अपने व्यापार में बढ़ोतरी करनी है तो इस छोटे से शहर से बाहर निकलना होगा, इसलिए उन्होंने अपनी टीम के साथ राजधानी की ओर रुख किया। बीजिंग एक बड़ा शहर था और वह उनके सपने को विस्तार देने के लिए एक सही जगह थी। जैक मा बीजिंग में केंद्रीय मंत्रालय के साथ काम करना चाहते थे, लेकिन केंद्रीय मंत्रालय ने उनमें कोई रुचि नहीं दिखाई। उनके रवैए से यह तो साफ नजर आ रहा था कि स्टेट इन्फॉर्मेशन सेंटर जैसा बड़ा संस्थान किसी छोटी सी निजी कंपनी के साथ कैसे काम कर सकता है? वे अकेले सबसे लड़ रहे थे। विशेषज्ञों की कड़ी आलोचना करते हुए उन्होंने कहा था कि 'इंटरनेट मानव सभ्यता के इतिहास में एक क्रांतिकारी घटना साबित होगा। यह एक विरल आविष्कार है। यदि चीन को प्रतिबंधित कर दिया जाता है तो वह खुद तक ही सीमित रह जाएगा। पूरी दुनिया से उसका संबंध टूट जाएगा और उसके विकास की सभी संभावनाएँ बंद हो जाएँगी।' लोग उनका स्वागत करते थे। तालियाँ बजाते थे, लेकिन फिर भी जैक वह सहयोग नहीं पा सके थे, जो पाना चाहते थे। दूसरी ओर चाइना येलो पेजेस के पास निवेश के लिए पर्याप्त पूँजी नहीं थी। आधारभूत सुविधाएँ नहीं थीं। वे जानते थे कि एक बार इंटरनेट के आते ही और राजकीय अवरोधों के दूर होने के बाद विदेशी कारोबारियों की चीन में खुली प्रतिस्पर्धा होगी, लेकिन वहाँ उनकी इस बात की

परंतु जैक के लिए यह संतुष्टि का विषय नहीं था। इस बात का आभास था, यदि उन्हें अपने व्यापार में बढ़ोतरी करनी है तो उन्हें इस छोटे से शहर से बाहर निकलना होगा, इसलिए उन्होंने अपनी टीम के साथ राजधानी की ओर रुख किया। बीजिंग एक बड़ा शहर था और वह उनके सपने को विस्तार देने के लिए एक सही जगह थी।

कोई सुनवाई नहीं थी। इस कारण उन्हें वापस हांगझोऊ लौटना पड़ा।

बीजिंग में अल्प प्रवास के दौरान हांगझोऊ में इंटरनेट के व्यवसाय का बाजार बहुत बड़ा हो चुका था। वहाँ इंटरनेट से जुड़े हुए बहुत से व्यवसाय चालू हो गए थे और चाइना येलो पेजेस के पास पूँजी की कमी थी। वेस्ट लेक नेटवर्क ने एक नई कंपनी की स्थापना की और चाइना येलो पेजेस में निवेश किया, लेकिन वहाँ यह शर्त रख दी गई कि नए उपक्रम में चाइना येलो पेजेस का अधिकार केवल 30 प्रतिशत होगा, जबकि वेस्ट लेक नेटवर्क का स्वामित्व 70 प्रतिशत का होगा।

जिस उम्मीद के साथ पूरी टीम वापस लौटी थी, स्थिति उसके बिल्कुल विपरीत थी। चाइना टेलीकॉम ने अपने अधीनस्थ कंपनी वेस्टलेक नेटवर्क के माध्यम से चाइना येलो पेजेस को अपने अधीन कर लिया था। जिस पेज को बनाने के लिए अन्य कंपनियों को 5000 युआन शुल्क मिलता था, उसी को यदि चाइना येलो पेजेस बनाती थी तो उसे हजार युवान ही मिलते थे।

जिस उम्मीद के साथ पूरी टीम वापस लौटी थी, स्थिति उसके बिल्कुल विपरीत थी। चाइना टेलीकॉम ने अपने अधीनस्थ कंपनी वेस्टलेक नेटवर्क के माध्यम से चाइना येलो पेजेस को अपने अधीन कर लिया था। जिस पेज को बनाने के लिए अन्य कंपनियों को 5000 युआन शुल्क मिलता था, उसी को यदि चाइना येलो पेजेस बनाती थी तो उसे हजार युवान ही मिलते थे। नवंबर 1997 में जैक मा ने अपने पद से इस्तीफा देने का फैसला कर लिया। कोई नहीं चाहता था कि जैक मा कंपनी छोड़ें। सबकी आँखों में आँसू थे, लेकिन जैक मा ने अपने हिस्से के 21 प्रतिशत शेयर अपनी टीम के 32 लोगों में बाँट दिए। जैक को पैसे से कभी कोई लगाव नहीं था। उन्होंने यह भरोसा और उम्मीद जताई कि वे लोग अपनी मेहनत जारी रखेंगे। उन्होंने बाद में कहा, “चाइना येलो पेजेस से इस्तीफा देने का फैसला मैंने उस वक्त किया, जब कंपनी ने मुनाफा कमाना शुरू किया था। उस साल कंपनी का कुल टर्नओवर 70 मिलियन

युआन था। इससे भी महत्त्वपूर्ण बात यह थी कि चाइना येलो पेजेस मेरे लिए मेरे बेटे की तरह था। इसके बाद क्या होगा, यह मैं नहीं जानता था? लेकिन मैं ऐसा कुछ भी नहीं कर सकता था, जिससे उसे नुकसान हो।"

एक सफल व्यक्ति बनने के बाद जब जैक मा पीछे मुड़कर देखते हैं तो कहते हैं, "मैंने अपनी जिंदगी में उन घटनाओं को घटते देखा, जिनके बारे में अकसर कल्पना भी नहीं की जा सकती। आज नौजवानों को अपने जीवन में बेहतरीन रास्ते नींद आने से पहले दिखाई देते हैं। अगली सुबह जब उनकी नींद खुलती है तो वे सबकुछ भूल जाते हैं और उसी घिसे-पिटे ढर्रे पर चलने लगते हैं। कोई व्यवसाय आरंभ करने के लिए आपको बड़े सपने, बड़े विचार, विशिष्ट आदर्श की जरूरत नहीं है। आपको जरूरत है कि आप व्यवसाय के लिए कीमत चुकाने के लिए तैयार हैं या नहीं? खुद को सही साबित करने के लिए आप कड़ी मेहनत कर सकते हैं या नहीं?"

ऐसा नहीं था कि जैक चीन के पहले व्यक्ति थे, जिन्हें इंटरनेट के बारे में पता था। ऐसे बहुत से व्यक्ति थे, जिन्हें जैक से पहले इंटरनेट के बारे में पता था और वे उसका इस्तेमाल भी करते थे, लेकिन जैक ने व्यावसायिक रूप से उसका उपयोग किया। वे कहते हैं, "मेरे दृढ़ निश्चय का कारण इंटरनेट में मेरा विश्वास नहीं था, बल्कि यह मेरी मान्यता थी कि हर एक अनुभव अपने आप में एक तरह की सफलता है। आपको इस जोखिम के लिए तैयार रहना होगा, अगर आप नाकाम होते हैं तो आप वापसी कर सकते हैं, लेकिन अगर आप कोशिश करने से चूक जाते हैं तो आप भी उन लाखों युवाओं में से एक हैं, जो रोज रात सपने देखते हैं और अगली सुबह अपने सपनों को भूलकर घिसे-पिटे तरीके से नौकरी करने लगते हैं। जो अपने सपनों की राह पर नहीं चलते, अपने सपनों तक कभी नहीं पहुँच पाते।"

□

2
'अलीबाबा' की स्थापना

मौलिक होना ही अपने आप में सफलता की पहचान है। हम नकल करके कुछ दूर चल सकते हैं, लेकिन एक लंबी दूरी तय करने के लिए हमें मौलिक होना पड़ता है। यह कहना गलत नहीं होगा कि चीनी नकल करने में माहिर होते हैं। वे हू-ब-हू आपके जैसा उत्पाद आपसे कम लागत में बना सकते हैं। भले ही उसकी उम्र लंबी न हो, लेकिन देखने में वह आपके उत्पाद से कहीं आकर्षक होगा। जैक का चाइना येलो पेजेस मौलिक था, लेकिन जब जैक ने अपनी वेबसाइट के विस्तार के लिए अपना रुख बीजिंग की ओर किया और असफलता का सामना करते हुए वे वापस लौटे तो उन्होंने देखा कि वेस्ट लेक नेटवर्क ने एक योजना के तहत अपनी वेबसाइट का नाम चाइनीस page.com रख लिया था, जो चाइना येलो पेजेस से बहुत मिलता-जुलता था। वेरी यंग और बिल गेट्स की तरह जैक मा ने भी अपने व्यापार का मौलिक मॉडल बनाया था, जबकि यह वह समय था, जब जापानी और यूरोपियन इंटरनेट कंपनियाँ अमेरिकन मॉडल की नकल करने में लगी थीं।

1997 के अंत में उन्होंने येलो चाइना पेजेस को छोड़ा, जब उन्हें विदेश व्यापार और आर्थिक सहयोग मंत्रालय से नौकरी का आमंत्रण-पत्र मिला था। उन्होंने बिजिंग जाकर नौकरी इस उम्मीद में शुरू की थी कि सरकार के अंदर रहकर सरकार के साथ मिलकर काम करने से वे इ-कॉमर्स में छोटे उद्यमों की इंटरनेट का लाभ उठाने में उनकी मदद कर सकेंगे। बीजिंग में उनका शानदार स्वागत किया गया था। जैक मा को मंत्रालय की वेबसाइट 'गुओफुतोंग' का

महाप्रबंधक बनाया गया। यह वेबसाइट इंटरनेट से जुड़ी हुई नहीं थी, इसे केवल मंत्रालय के आंतरिक क्रियाकलापों के लिए काम में लिया जाता था। जिसमें सरकारी कागजात प्रकाशित होते, जिनका संबंध सरकार द्वारा नियंत्रित और संचालित उद्योगों से था। इसका सीधा-सीधा अर्थ यह था कि जैक मा जो करना चाहते थे, उन्हें वह करने की इजाजत नहीं थी। जैक मा एक ऐसी वेबसाइट बनाना चाहते थे, जो पूरी दुनिया के सूचना-तंत्र से जुड़ी हो, जो चीनी व्यापारियों के विज्ञापन और चीनी वैश्विक उद्योग धंधे स्थापित करने में उपयोग में लाई जा सके, लेकिन सरकारी नौकरशाहों के बीच उन्होंने खुद को दबा हुआ महसूस किया। उन्होंने कहा कि मेरे मालिक इंटरनेट का उपयोग छोटे व्यवसायों को नियंत्रित करने के लिए करना चाहते थे, लेकिन मैं उसका उपयोग छोटे व्यवसायों को और सशक्त बनाने के लिए करना चाहता था। हम दोनों का नजरिया बिल्कुल अलग था।

> *आखिरकार, 1999 में चीन के अंदर इंटरनेट का दौर आ ही गया। विदेशी व्यापार के लिए चीनी सरकार ने इंटरनेट इंजीनियरिंग की तरफ से विशिष्ट वेबसाइट बनाई गई, जो 'दी ऑनलाइन ट्रेडिंग प्लेटफॉर्म फॉर चाइनीस गुड्स' की शुरुआत थी।*

आखिरकार, 1999 में चीन के अंदर इंटरनेट का दौर आ ही गया। विदेशी व्यापार के लिए चीनी सरकार ने इंटरनेट इंजीनियरिंग की तरफ से विशिष्ट वेबसाइट बनाई गई, जो 'दी ऑनलाइन ट्रेडिंग प्लेटफॉर्म फॉर चाइनीस गुड्स' की शुरुआत थी।

चीन की तरफ से इ-कॉमर्स को आयोजित किया गया था। यह जैक के लिए एक बड़ा मौका था। साथ-ही-साथ वे याहू के सह-संस्थापक जेरी यांग के साथ भी काम कर रहे थे। जिससे गुओफुतोंग को चीन में याहू का विज्ञापन एजेंट बनाया जा सके। जैक की वेबसाइट गुओफुतोंग और 'ट्रेडिंग प्लेटफॉर्म फॉर चाइनीस गुड्स', जो दोनों संबद्ध इकाई थीं। 1999 में दोनों ने 2.8 मिलियन युआन का मुनाफा कमाया', जिसका श्रेय जैक मा को जाता

था। सबकुछ बहुत अच्छा चल रहा था। उनकी तनख्वाह में वृद्धि के साथ-साथ घाटे की स्थिति में उनसे भरपाई नहीं की जाती थी। वे एक बड़े देश की सरकारी वेबसाइट के मुखिया थे, लेकिन वे संतुष्ट नहीं थे, क्योंकि उनका लक्ष्य विश्वव्यापी इ-कॉमर्स का निर्माण करना था और वह किसी सरकारी पद पर रहकर नहीं किया जा सकता था। एक दिन जैक ने MOFTEC (विदेशी व्यापार और आर्थिक सहयोग मंत्रालय) में साथ काम करनेवाले लोगों को इकट्ठा किया और उन्हें अपनी नई योजना के बारे में बताया—'अलीबाबा'। चीनी सरकार के अधीन बिताए लंबे समय और नौकरी के निजी अनुभवों ने उन्हें समझा दिया था, यह क्रांति का समय है। उन्हें साफ नजर आ रहा था, इ-कॉमर्स चीन में अपनी जड़ें जमा सकता है और असीमित संभावनाएँ उत्पन्न कर सकता है। ये वही 8 लोग थे, जो हांगझोऊ से जैक के साथ आ गए थे। जैक ने आत्मविश्वास के साथ धाराप्रवाह बोलना शुरू किया। उनका बोलना हमेशा ऐसा लगता था, जैसे इस धाराप्रवाह वाणी में पिछले कितने शोध छुपे हैं। उन्होंने उनके सामने 3 प्रमुख विकल्प रखे। पहला, यदि आप याहू में काम करना चाहते हैं तो मैं आपका तबादला करा सकता हूँ। जहाँ आपको यहाँ से अधिक वेतन मिलेगा। दूसरा, सिना, सोहू चीन की दो बड़ी इंटरनेट कंपनी हैं, आप चाहें तो वहाँ भी जा सकते हैं। वहाँ निश्चित रूप से आपके वेतन में वृद्धि होगी। तीसरा, आप मेरे साथ हांगझोऊ चलिए। वहाँ आपको 800 युआन का वेतन दिया जाएगा। जिन लोगों के सामने यह बात रखी गई थी, वे सिर्फ तकनीकी रूप से कुशल व्यक्ति नहीं थे, बल्कि ऑनलाइन विपणन, उपभोक्ता, विज्ञापन और इ-कॉमर्स के अनुभवी व्यक्ति थे। जिनके पास अपने खुद के

जैक ने आत्मविश्वास के साथ धाराप्रवाह बोलना शुरू किया। उनका बोलना हमेशा ऐसा लगता था, जैसे इस धाराप्रवाह वाणी में पिछले कितने शोध छुपे हैं। उन्होंने उनके सामने 3 प्रमुख विकल्प रखे। पहला, यदि आप याहू में काम करना चाहते हैं तो मैं आपका तबादला करा सकता हूँ।

संपर्क और ग्राहक थे या यों कहें कि कोई भी इंटरनेट से संबंधित कंपनी ऐसे कर्मचारी पाकर निश्चित रूप से लाभान्वित होती। जैक अपनी बात रखकर हमेशा की तरह उनके उत्तर की प्रतीक्षा में शांत बैठ गए थे। उन्होंने उन लोगों के सामने तीन दिन का समय रखा था। सभी एक-एक करके कमरे से बाहर निकल गए, लेकिन 10 मिनट बाद ही वे कमरे के अंदर लौटे और उन्होंने कहा कि हम तुम्हारे साथ लौटना चाहते हैं।

यह जैक के ऊपर उनका विश्वास ही था कि वे एक आरामदायक जिंदगी छोड़कर जैक के साथ उस पथरीले रास्ते पर चलना चाहते थे, जिसकी मंजिल उनके सामने स्पष्ट नहीं थी। इस मामले में जैक हमेशा धनी रहे थे कि उन्हें ऐसे लोगों का साथ मिला, जिन्होंने उनका साथ कभी नहीं छोड़ा। उन्होंने नेशनल टी.वी. पर पूरी दुनिया के सामने कहा था कि "दुनिया में ऐसा कोई नहीं है, जो मुझे मेरी टीम से अलग कर दे।" यह टीम कोई और नहीं, उनके मित्रों की एक बड़ी संख्या थी। निश्चित तौर पर उन्होंने पहले कभी नहीं सोचा था कि मुश्किल और बाधाओं से होकर गुजरते हुए उनके मित्र कभी उनका साथ नहीं छोड़ेंगे। उनके कुछ मित्र उनकी सफलता के सहभागी बने। उनके पूर्व सहकर्मी पेंग ली ने अलीबाबा के उपाध्यक्ष के रूप में अपना योगदान दिया। उनके पुराने छात्र ज्होऊ युए होंग, मिन दी शान उनकी पूरी यात्रा में साथ बने रहे।

यह जैक के ऊपर उनका विश्वास ही था कि वे एक आरामदायक जिंदगी छोड़कर जैक के साथ उस पथरीले रास्ते पर चलना चाहते थे, जिसकी मंजिल उनके सामने स्पष्ट नहीं थी। इस मामले में जैक हमेशा धनी रहे थे कि उन्हें ऐसे लोगों का साथ मिला, जिन्होंने उनका साथ कभी नहीं छोड़ा।

यह जैक की पारखी नजर ही थी कि उन्होंने हमेशा अपने साथ अच्छे लोगों को रखा। उन लोगों का जैक मा पर अटूट विश्वास था। जैक मा की प्रतिभा, निर्भीकता, आशावादी ऊर्जा, उनकी संवाद क्षमता, उनकी दूरदर्शिता

अपने सहभागियों के संपर्क में और निखरती चली गई। वो जब भी किसी मंच पर अकेले खड़े थे, उन्हें हमेशा पता था कि उनके पीछे कुछ ऐसे मजबूत हाथ हैं, जो हमेशा उन्हें सँभाल लेंगे। अपनी टीम पर जैक को बहुत विश्वास था और टीम को जैक पर। जिस समय सभी लोग उनके साथ चलने के लिए तैयार थे, उस समय उन्होंने खुद से वादा किया, "मेरे साथियों ने कभी मुझे सिर झुकाने का अवसर नहीं दिया। मैं भी किसी कीमत पर उनका सिर झुकने नहीं दूँगा।" इसी तरह विदेशी व्यापार मंत्रालय में एक साथ नौ इस्तीफे पहुँचे।

जिस समय सभी लोग उनके साथ चलने के लिए तैयार थे, उस समय उन्होंने खुद से वादा किया, "मेरे साथियों ने कभी मुझे सिर झुकाने का अवसर नहीं दिया। मैं भी किसी कीमत पर उनका सिर झुकने नहीं दूँगा।" इसी तरह विदेशी व्यापार मंत्रालय में एक साथ नौ इस्तीफे पहुँचे।

उन्होंने कहा, "आज दुनिया की बड़ी कंपनियाँ किसी व्हेल की तरह हैं, जो जीवित रहने के लिए छोटी मछलियों को अपना शिकार बनाती हैं, कितने जीवों को मार डालती हैं और छोटी मछलियाँ अकसर व्हेल की जूठन पर निर्भर रहती हैं। इंटरनेट एक व्यक्ति केंद्रित उद्योग है। वहाँ छोटे-से-छोटे उत्पादों और उद्यमों को भी प्रस्तुत किया जा सकता है। ये उत्पाद उपयोग, रंग-रूप में चाहे जैसे भी हों, हर स्थिति में यह उपभोक्ता तक पहुँचाए जा सकते हैं। इंटरनेट के आधार पर छोटे उद्योग एक बड़ी ताकत बन सकते हैं। मैं यहाँ इसलिए हूँ, ताकि आर्थिक क्रांति में निर्धन लोगों की मदद कर सकूँ। हम छोटे और मध्यम आकार के उद्योगों के लिए वेबसाइट बनाएँगे।" जैक मा के शब्द यों ही नहीं निकले थे। यह उनका अनुभव था, जब वह एक फेरीवाले के रूप में हांगझोऊ की गलियों में घूम रहे थे, उन्होंने इस योजना को तब से अपने अंदर पाला था, कितना अच्छा हो, यदि छोटे उद्योगों के लिए कोई बड़ा मंच मिले। इस मीटिंग में कुल 18 लोग थे, जिनके सामने जैक मा ने अपने सारे पैसे निकालकर टेबल पर रख दिए थे और उन्होंने कहा था, "हम उतने ही

पैसे इसमें लगाएँगे, जो हमारी बचत है। हम किसी से कर्ज नहीं लेंगे, क्योंकि इसमें नाकामयाब होने की बहुत संभावनाएँ हैं, इसलिए हमें बुरे-से-बुरे नतीजे के लिए तैयार रहना होगा।" उन्होंने उत्साह के साथ बोलते हुए कहा, "माइक टायसन भी अगर मुझे मुक्के से मार गिराएगा तो मैं फिर से उठकर खड़ा हो जाऊँगा और तब तक लड़ता रहूँगा, जब तक मैं जिंदा रहूँगा। आप सुनिश्चित कर लें कि आप अपने पास कितना पैसा रखना चाहते हैं। बाकी इस टेबल पर रख दीजिए। आपको सिर्फ नेतृत्वकर्ता बनना है। योद्धाओं को हम ढूँढ़ निकालेंगे। आप सभी बेहद कुशल और प्रभावशाली व्यक्ति हैं। मैं खुद आप लोगों से सीखने का इच्छुक हूँ।" यह जब और जिस जगह कहा गया, उसका वीडियो टेप आज भी सहेजकर रखा गया है। इस तरह 5,00,000 युआन इकट्ठे किए गए, जो दुनिया की शीर्ष कंपनी की पहली पूँजी थी।

बहुत सी चाइनीस कंपनियाँ इंटरनेट के बाजार में स्थापित हो चुकी थीं। केवल इ-कॉमर्स ही ऐसा क्षेत्र था, जहाँ छोटी-छोटी कंपनियाँ याहू, एमेजॉन की नकल कर रही थीं और असफल हो चुकी थीं, क्यों?

बहुत सी चाइनीस कंपनियाँ इंटरनेट के बाजार में स्थापित हो चुकी थीं। केवल इ-कॉमर्स ही ऐसा क्षेत्र था, जहाँ छोटी-छोटी कंपनियाँ याहू, एमेजॉन की नकल कर रही थीं और असफल हो चुकी थीं, क्यों? क्योंकि अभी तक कोई ऐसा मॉडल अस्तित्व में नहीं आया था, जो एशियाई बाजार की आवश्यकताओं के अनुरूप बनाया गया हो।

जैक मा ने अपने निवेशकों को संबोधित करते हुए कहा, "मैंने सिंगापुर में एक भाषण दिया था। जहाँ का विषय था—'एशिया में इ-कॉमर्स'। मैंने आसपास देखा, सभी वक्ता संयुक्त राज्य अमेरिका से थे। यहीं से मुझे अहसास हुआ कि एशिया और अमेरिका दो अलग-अलग दिशाएँ हैं। इ-कॉमर्स का एशिया का अपना तरीका है, लेकिन अलीबाबा के साथ हमारा लक्ष्य दुनिया में बी-टू-बी (business-to-business) बाजार बनाना है। हमारा लक्ष्य है

कि हम एशियाई ज्ञान और पश्चिमी अभियानों को जोड़ दें। पश्चिम में बी-टू-बी वेबसाइटों की बड़ी कंपनियाँ हैं, जो किसी व्हेल मछली की तरह हैं, लेकिन एशिया में इ-कॉमर्स एक झींगे की तरह है। झींगा पकड़ना आसान है, लेकिन अगर आप व्हेल को पकड़ने की कोशिश करेंगे तो आपको चोट लग सकती है, इसलिए व्हेल बनने से पहले हमें खुद को तैयार करना होगा। भविष्य में हमारे पास पैसा कमाने के बहुत से तरीके होंगे, लेकिन अभी हमारे व्यवसाय को पूरी तरह से स्वतंत्र होना चाहिए, क्योंकि हम नए सदस्यों को आकर्षित करना चाहते हैं। एक बार हमारे सदस्य लाभ कमा लेंगे तो हम भी लाभ कमाएँगे।" जैक मा निवेशकों और बैंकरों को यह समझाने की कोशिश कर रहे थे कि भविष्य में हम लाभ कमाएँगे, लेकिन यह लाभ कमाने का उचित समय नहीं है। यह समय है राजस्व के लिए तेजी से दौड़ने का। विदेशी कंपनियों की होड़ नहीं की जा सकती। हमें अपनी मौलिकता को बचाए रखना होगा।

अलीबाबा नाम भी अपनी-अपनी मौलिकता का प्रतीक है। वेबसाइट का नाम बहुत सोच-समझकर रखा गया था। अलीबाबा का संबंध एक अरबी मिथक से जुड़ा हुआ है। जिसका नायक मेहनती, ईमानदार और दयालु है और उसके इन्हीं गुणों की वजह से उसके हाथ खजाना लग जाता है।

अलीबाबा नाम भी अपनी-अपनी मौलिकता का प्रतीक है। वेबसाइट का नाम बहुत सोच-समझकर रखा गया था। अलीबाबा का संबंध एक अरबी मिथक से जुड़ा हुआ है। जिसका नायक मेहनती, ईमानदार और दयालु है और उसके इन्हीं गुणों की वजह से उसके हाथ खजाना लग जाता है। अलीबाबा का नाम सुनते ही लोगों के दिमाग में जो सबसे पहले कल्पना आती है, वह किसी ईमानदार, दयालु, मेहनती की आती है। इस तरह एक वेबसाइट के लिए अलीबाबा से अधिक प्रभावशाली और स्पष्ट दूसरा कोई और नाम नहीं हो सकता था। उन्हें अपनी वेबसाइट के नाम पर हमेशा ही गर्व रहा है, लेकिन जब उन्होंने अलीबाबा के नाम को दर्ज

कराना चाहा तो पता चला कि इस नाम का डोमेन पहले से ही दर्ज है। उनके सामने विकल्प था कि वह अपना रास्ता बदल सकते थे, लेकिन उन्होंने उस व्यक्ति को ढूँढ़ा, जिसने उस नाम को पहले दर्ज करा रखा था। वह कनाडा का एक व्यक्ति था। जैक ने 10,000 अमरीकी डॉलर में उससे उस नाम को खरीद लिया और अब अलीबाबा नाम से जैक की वेबसाइट दर्ज हो चुकी थी। यह एक सोचनेवाला विषय था कि 5,00,000 युआन में से 10 हजार केवल नाम के ऊपर खर्च का दिए गए थे, जिसे लोगों के लिए समझना मुश्किल था, लेकिन जैक की नजर में इसका विशेष महत्त्व था। पहला, अलीबाबा प्राचीन नाम था और हर किसी व्यक्ति की जुबान पर था। दूसरा, वह आराम से बोला जा सकता था। जब आप किसी विश्व मंच पर अपने आपको स्थापित कर रहे हैं तो नाम ऐसा होना चाहिए, जो विश्व की सभी भाषाओं में आसानी से बोला जा सके। अलीबाबा बिल्कुल सिंडरेला जैसा एक नाम है, जो बचपन में हर बच्चे की जुबान पर होता है। जिसे आसानी से याद रखा जा सकता है। जब भी कोई अलीबाबा का नाम सुनता तो उनके दिमाग में 'खुल जा सिम-सिम' जैसे विचार दौड़ने लगते हैं। हर व्यक्ति यही तो चाहता है कि कोई सिम-सिम खुल जाए और उसकी सारी इच्छाएँ पूरी हो जाएँ। अलीबाबा के नाम के बारे में बोलते हुए जैक मा ने कहा था, "बहुत से मुद्दों पर विचार करने के बाद हम इस नतीजे पर पहुँचे कि हमारी कंपनी के लिए इससे बेहतर कोई दूसरा नाम नहीं हो सकता। हम लोगों को यह बताना चाहते हैं कि इंटरनेट के जरिए वही व्यापार सफल हो सकता है, जो ईमानदारी के साथ किया जाए, इसलिए हमारे डोमेन का नाम अलीबाबा

"बहुत से मुद्दों पर विचार करने के बाद हम इस नतीजे पर पहुँचे कि हमारी कंपनी के लिए इससे बेहतर कोई दूसरा नाम नहीं हो सकता। हम लोगों को यह बताना चाहते हैं कि इंटरनेट के जरिए वही व्यापार सफल हो सकता है, जो ईमानदारी के साथ किया जाए, इसलिए हमारे डोमेन का नाम अलीबाबा है।"

है।" यह तीन बातों का प्रतीक है—दौलत, ईमानदारी और सौभाग्य; और यह बात सच सिद्ध हुई, जब 2006 में चीन के निजी उपकरणों पर हरुन की रिपोर्ट आई, जहाँ अलीबाबा 2.7 अरब अमरीकी डॉलर की कंपनी बन चुका था।

जैक मा हमेशा कहते हैं, "आज बहुत से युवा लोगों के पास कोई सपना नहीं है।" हर किसी का कोई-न-कोई सपना होना चाहिए। हर किसी के पास एक सपना होना जरूरी क्यों है ? क्योंकि सपने सक्रिय रूप से हमारी आकांक्षाओं और हमारी आत्मपुष्टि को प्रेरित करते हैं। जीवन अपने आप में कठिन है। जटिल है। जीवन में लक्ष्य नहीं होगा तो वह दिशाहीन हो जाएगा और दिशाहीन होने से हमारी उत्पादकता घटती है। जब हम जैक मा की जीवनी पढ़ते हैं तो पाते हैं कि उनके हर एक लक्ष्य के पीछे उनका कोई-न-कोई छोटा या बड़ा सपना काम करता है। चीन का पेज बनाने के 4 साल बाद उन्होंने अलीबाबा को लॉन्च किया और alibaba.com के बाद उन्होंने एक और दाँव खेला। 2002 में अलीबाबा के आई.पी.ओ. खरीदने के लिए उन्होंने अपने शेयरधारकों से कहा, "लेकिन जब उन्हें यह भी छोटा लगा तो उन्होंने एक और दाँव खेला और वह 150 बिलियन डॉलर का था। यह सपने ही थे, जो हर बार देखे जाते थे और पूरा करने के लिए पूरी ताकत झोंक दी जाती थी।"

जैक मा हमेशा कहते हैं, "आज बहुत से युवा लोगों के पास कोई सपना नहीं है।" हर किसी का कोई-न-कोई सपना होना चाहिए। हर किसी के पास एक सपना होना जरूरी क्यों है ? क्योंकि सपने सक्रिय रूप से हमारी आकांक्षाओं और हमारी आत्मपुष्टि को प्रेरित करते हैं।

अलीबाबा ने विज्ञापन पर कोई खर्च नहीं किया था। उसका कारण भी था कि उनके पास इतनी पूँजी नहीं थी। उसी साल जून की शुरुआत में ही अलीबाबा की सारी पूँजी समाप्त हो चुकी थी, लेकिन फिर भी दर्जन भर लोग दिन-रात काम करते और जमीन पर बिस्तर लगाकर सोते थे और दिन-रात मेहनत करते थे, क्योंकि उन्होंने अपना लक्ष्य किसी स्थानीय स्तर पर मुकाबला

जीतने का नहीं रखा था, बल्कि वह मुकाबला वर्ल्ड कप जीतने जैसा था। जो लोग अलीबाबा का उपयोग कर रहे थे, अधिकतर लोग जानते भी नहीं थे कि वेबसाइट कहाँ स्थापित थी? कुछ समय बाद जब 'बिजनेस वीकली' ने इस वेबसाइट को खोजना शुरू किया, क्योंकि वह जैक मा का इंटरव्यू लेना चाहते थे, तब उन्हें चीन के विदेशी व्यापार मंत्रालय से संपर्क करने के बाद पता चला कि अलीबाबा हांगझोऊ जैसे छोटे से शहर में स्थापित है और जब उनके संवाददाता उस कमरे में दाखिल हुए तो देखकर हैरान हो गए थे, क्या यही वह कमरा है, जहाँ अलीबाबा का मुख्यालय है?

1999 से पहले ही अमेरिका में इंटरनेट बूम आ गया था। याहू, एमेजॉन, ईबे—ये सभी कंपनियाँ नैस्डेक पर सूचीबद्ध हो गई थीं। इंटरनेट की लहर पूरे संयुक्त राज्य से होती हुई पूरे यूरोप में फैल गई थी। प्रत्येक नए ipo के साथ हजारों ताजा करोड़पति बाजार में आ रहे थे, लेकिन चीन के इंटरनेट उद्योग में, वहाँ की आबादी की भागीदारी सिर्फ 1 प्रतिशत थी। 1999 की गरमियों में बहुत कुछ बदल गया। चीन ने एक नए आई.पी.ओ. के साथ, china.com हाँगकाँग का उपभोक्ता इंटरनेट पोर्टल बनाया। जिसे चीन का याहू भी कहा जा सकता है, क्योंकि वो उसी को मद्देनजर रखते हुए बनाया गया था, लेकिन वो उम्मीद जितना प्रभावशाली नहीं रहा, वजह थी, उसका व्यापारिक तंत्र वास्तविकता से कोसों दूर था। china.com एक बड़ा डोमेन था, जो लगभग 2.6 बिलियन लोगों की आँखों का सपना था, क्योंकि लोगों को लगता था कि एक बड़ा बदलाव होनेवाला है।

1999 से पहले ही अमेरिका में इंटरनेट बूम आ गया था। याहू, एमेजॉन, ईबे—ये सभी कंपनियाँ नैस्डेक पर सूचीबद्ध हो गई थीं। इंटरनेट की लहर पूरे संयुक्त राज्य से होती हुई पूरे यूरोप में फैल गई थी। प्रत्येक नए ipo के साथ हजारों ताजा करोड़पति बाजार में आ रहे थे, लेकिन चीन के इंटरनेट उद्योग में, वहाँ की आबादी की भागीदारी सिर्फ 1 प्रतिशत थी।

एक इंटरनेट क्रांति होगी, जिससे अर्थव्यवस्था में बदलाव आएगा। जिस तरह नेटस्केप के आई.पी.ओ. ने अमेरिका में इंटरनेट गोल्ड रश शुरू किया था, उसी तरह यह उम्मीद की जा रही थी कि चाइना डॉट कॉम के आई.पी.ओ. की तरफ निवेशकों की भीड़ उमड़ेगी।

यह इंटरनेट का उन्माद था, जैसे ही चीन में इंटरनेट बूम हुआ, विदेशी इंटरनेट कंपनियों की रुचि चीन में बढ़ गई। अमेरिकी कंपनियों ने चीन के बाजार में प्रवेश किया और एक साथ इंटरनेट ग्राहकों की संख्या दस गुना बढ़ गई। यह दुनिया बदलने की संभावना जैसा था। जब यह सब हो रहा था तो जैक मा और उसके दोस्त हांगझोऊ के छोटे से घर में दिन-रात काम कर रहे थे। अलीबाबा का लक्ष्य विश्व व्यापार में लगे छोटे और मध्यम आकार के व्यवसायों को जोड़कर एक बड़ा बाजार बनाना था। यह एक विजेट अर्थव्यवस्था थी। उनकी वेबसाइट alibaba.com इन छोटे व्यवसाय तक, जो इंटरनेट के द्वारा ही हो सकता था, धन पहुँचाने की व्यवस्था करता था। 1999 में हाँगकाँग में अलीबाबा को आधिकारिक तौर पर एक संवाददाता सम्मेलन में लॉन्च किया गया। यह खबर आग की तरह हर समाचार पत्र में फैल गई थी कि एक छोटे से स्कूल का अंग्रेजी शिक्षक विश्व व्यापार के लिए एक नया मंच बनाने की कोशिश कर रहा है। अलीबाबा चीन की पहली वैश्विक इंटरनेट कंपनी बनाने की शुरुआत थी, लेकिन यह जैसे सपने था, कोई चीनी कंपनी वैश्विक हो जाना चाहती थी। अलीबाबा के तीन प्रमुख लक्ष्य थे—

यह इंटरनेट का उन्माद था, जैसे ही चीन में इंटरनेट बूम हुआ, विदेशी इंटरनेट कंपनियों की रुचि चीन में बढ़ गई। अमेरिकी कंपनियों ने चीन के बाजार में प्रवेश किया और एक साथ इंटरनेट ग्राहकों की संख्या दस गुना बढ़ गई। यह दुनिया बदलने की संभावना जैसा था।

(क) अलीबाबा एक दिन दुनिया की सबसे बड़ी ई कॉमर्स कंपनी बनेगी, जो दुनिया की शीर्ष दस वेबसाइटों में से एक हो।

(ख) अलीबाबा की स्थापना लघु और मध्यम उद्योग के हितों को ध्यान में रखकर की जाएगी।

(ग) हम ऐसी कंपनी का निर्माण करेंगे, जो 80 साल तक चले।

अपने लक्ष्यों को निर्धारित करते हुए जैक लोगों को संबोधित कर रहे थे और उनकी आँखें चमक रही थीं और उनके सपने मानो उनकी आँखों के सामने तैर रहे थे। जो बोला गया था, वह इतने विश्वास के साथ बोला गया था कि जैसे जो वह करना चाहते हैं, वह हो चुका है।

> ***हम सभी के लिए आवश्यक है कि अपने सपनों को पोषित करें। उन्हें अलग रखने के बजाय हम उन्हें अपनी आकांक्षाओं से जोड़कर उनका अनुसरण करें, क्योंकि हम अपने सपनों के रचनाकार हैं। क्या हासिल करना चाहते हैं, जैसी योजनाओं को सीमाओं में बाँधने की आवश्यकता नहीं है"***

हम सभी के लिए आवश्यक है कि अपने सपनों को पोषित करें। उन्हें अलग रखने के बजाय हम उन्हें अपनी आकांक्षाओं से जोड़कर उनका अनुसरण करें, क्योंकि हम अपने सपनों के रचनाकार हैं। क्या हासिल करना चाहते हैं, जैसी योजनाओं को सीमाओं में बाँधने की आवश्यकता नहीं है, अगर हम अपने सपनों को पहचानते हैं तो उसके बाद सबसे पहला कदम यह होना चाहिए कि हम उसकी तरफ अपना कदम बढ़ाएँ, क्योंकि हजार मील की यात्रा भी पहले कदम के साथ ही शुरू की जाती है। जैक मा और अलीबाबा ऐसे उदाहरण हैं, जो अपनी किसी पूर्व पृष्ठभूमि या किसी बिना संसाधन के भी अपने लक्ष्य की ओर बढ़े। अपने रूढ़िवादी वातावरण, सख्त सरकारी नौकरशाही के साथ चीन, निश्चित रूप से इंटरनेट की अधिक कार्य व्यवस्थाओं के विचार को स्वीकार करने के लिए परिपक्व नहीं था। एक स्कूली शिक्षक एम.ए. व्यक्ति के पास न ही उचित संसाधन थे, न ही कौशल। भले ही उसने अपने घर से धन जुटाकर काम करना शुरू किया था, लेकिन फिर भी उसे काम शुरू करने के लिए अपने

कौशल को निखारने की जरूरत नहीं थी। वह कोई विशेषज्ञ नहीं थे, लेकिन उन्होंने चलते हुए सीखा, हर रास्ते में, हर पड़ाव पर सीखा और हर तरह के विशेषज्ञों से उन्होंने मदद माँगी, जो उनसे बेहतर जानते थे। यदि हम जैक मा के जीवन को खँगालते हैं तो पाते हैं कि सपनों की तरफ उठाया गया पहला कदम ही सबसे ज्यादा जरूरी और सबसे ज्यादा प्रेरित करता है। उन्होंने जो सपना देखा, वह मौलिक था। जब हर तरफ नकल की होड़ लगी थी, जैक मा ने अपना रास्ता बनाया और उस रास्ते पर चलकर सफलता के झंडे टाँग दिए।

"हमेशा पहले दिन से देखे गए सपने का पीछा करो, जो आपको प्रेरित करेगा और हर कमजोर विचार से आपको बचाएगा।"

—जैक मा

□

3

अलीबाबा हमेशा के लिए

यदि आप शांत और साधारण हैं तो दृढ़ होकर बड़ी–से–बड़ी असफलता का सामना कर सकते हैं। पानी की गहराई जितनी अधिक होगी, उसमें स्थिरता उतनी ही अधिक दिखाई पड़ती है। 'बिजनेस वीकली' के संवाददाता जब अलीबाबा के मुख्यालय पहुँचे थे, तब तक अलीबाबा पूरी दुनिया में अपने ग्राहक बना चुका था। अमरीका, यूरोप, जापान जैसे देशों में वह अपनी सेवाएँ दे रहा था, लेकिन उसका मुख्यालय अभी भी वही कमरा था, जहाँ उनकी टीम जमीन में बिस्तर लगाकर सोती थी। अलीबाबा ने साक्षात्कार देने से मना कर दिया, यह लोगों के लिए हैरानी का विषय था कि मीडिया की उपेक्षा कैसे की जा सकती थी? जितना ज्यादा जैक मा मीडिया से दूर भाग रहे थे, मीडिया उनका पीछा उतनी ही तेजी से कर रही थी। उसका नतीजा यह हुआ कि उनपर लिखे लेख अखबारों में प्रकाशित होने लगे। उनके इस तरह छुपकर रहने का एक बहुत बड़ा कारण था कि वे अस्सी वर्ष तक टिके रहना चाहते थे, जबकि जैक मा जानते थे कि किसी भी चीनी कंपनी की औसत उम्र छह साल से अधिक नहीं होती। यह वक्त उनके लिए अभी गर्व करने का नहीं था। इसमें अभी बहुत समय बाकी था। अस्सी साल किसी भी व्यक्ति के जीवन की अच्छी उम्र होती है। अस्सी साल का लक्ष्य बिना सोचे–समझे नहीं रखा गया था, उसके पीछे एक पूरी योजना थी, क्योंकि जैक मा अपनी छोटी सी सफलता पर जश्न नहीं मनाना चाहते थे। वे चाहते थे कि चार साल पूरे होने के बाद भी वो छिहत्तर वर्ष की प्रतीक्षा करें, यदि हम उससे पहले हार जाते हैं तो

यह हमारी असफलता ही होगी। जैक मा अच्छे से जानते थे, 1999 में इंटरनेट उद्योग में बहुत सारे लोग इंटरनेट से जुड़े थे, लेकिन वह आठ महीने से भी ज्यादा नहीं टिक पाए। उनकी नजर में इंटरनेट में निवेश करना उनकी गलती थी, लेकिन जैक मा का ध्यान इन शुरुआती सालों में लाभ कमाने पर नहीं था। उन्हें सफलता का स्वाद चखने के लिए अस्सी साल का इंतजार करना था और अस्सी साल इंतजार वही व्यक्ति कर सकता है, जो अधीर न हो, जो थका हुआ न हो और ऐसा केवल जैक मा की कंपनी अलीबाबा ही कर सकती थी।

दूसरी तरफ यह अप्रकाशित रूप से ग्राहकों को एक आश्वासन था कि अलीबाबा ऐसी कंपनी नहीं है, जो सिर्फ अपने मुनाफे और लाभ के लिए काम करे। यह कुछ इस तरह का था—'अलीबाबा हमेशा के लिए।' वह ऐसी कंपनी है, जो उपभोक्ता और ग्राहक के लिए काम करेगी। अलीबाबा अपनी सेवाओं के जरिए समाज और ग्राहकों में एक नया प्रतिमान स्थापित करना चाहता था। यदि एक बार वह प्रतिमान स्थापित हो जाते तो पैसा कमाने जैसे आधारभूत लक्ष्य खुद-ब-खुद ही उसे प्राप्त हो जाते, इसीलिए जैक मा ने अस्सी साल का लक्ष्य बनाया, लेकिन जैक मा केवल अस्सी साल तक ही नहीं रुके। 2004 में जब अलीबाबा की पाँचवीं सालगिरह थी तो उन्होंने अस्सी साल को बढ़ाकर एक सौ दो वर्ष कर दिया। उन्होंने कहा कि हम एक बहुत बड़ी चीनी कंपनी का गठन करना चाहते थे। 2009 में कंपनी के दस साल पूरे होने तक हम दुनिया की 500 शीर्ष कंपनियों की सूची में शामिल होना चाहते थे। उन्होंने कहा, "खुद का अस्तित्व बचाए रखना, किसी भी व्यक्ति का सबसे पहला लक्ष्य होता है," इसलिए मैंने हर एक आदमी को उस सफलता के पीछे भागने से रोकने की कोशिश की, जो हासिल नहीं हो सकती थी,

दूसरी तरफ यह अप्रकाशित रूप से ग्राहकों को एक आश्वासन था कि अलीबाबा ऐसी कंपनी नहीं है, जो सिर्फ अपने मुनाफे और लाभ के लिए काम करे। यह कुछ इस तरह का था—'अलीबाबा हमेशा के लिए।'

क्योंकि यदि हम खुद को सफल मान लेते हैं तो हमारा पतन शुरू हो जाता है। ऐसे में हम सफलता की बातें नहीं करेंगे और न ही हम सफलता को स्वीकार करेंगे। यदि हमारा लक्ष्य 102 साल का होगा तो हमारे पास टिके रहने के लिए एक लंबा वक्त होगा। उन्होंने कहा, "बहुत से लोग 80 साल का लक्ष्य सुनकर मुझे छोड़कर चले गए। मैं अगली सदी के प्रवेश तक कंपनी को मजबूत खड़े हुए देखना चाहता हूँ। 30 दिसंबर, 2099 को भी यदि हम दिवालिया हो जाते हैं तो यह हमारी असफलता होगी।"

> ***जैक मा बेशक एक छोटे व्यापारी थे, लेकिन वे नैसर्गिक कारोबारी थे। उनमें महत्त्वाकांक्षी योजनाओं को सहज रूप से अनुपात में रखने की क्षमता थी। जैक मा और उनके अठारह साथी चौबीस घंटे अपने काम में लगे थे, नूडल्स खाना और फर्श पर सोना।***

जैक मा बेशक एक छोटे व्यापारी थे, लेकिन वे नैसर्गिक कारोबारी थे। उनमें महत्त्वाकांक्षी योजनाओं को सहज रूप से अनुपात में रखने की क्षमता थी। जैक मा और उनके अठारह साथी चौबीस घंटे अपने काम में लगे थे, नूडल्स खाना और फर्श पर सोना। कमरे से वह पूरी दुनिया में फैले, अपने लाखों ग्राहकों को कारोबार के बेहतरीन मौके मुहैया करा रहे थे और एक दिन विश्व की 500 श्रेष्ठ कंपनियों में गिना जाने का सपना पाल कर बैठे थे। जो उस कमरे में काम कर रहे थे, वे काम के नशे में इतने चूर थे कि उन्हें न तो दिन-रात का आभास था, न ही अपनी सुविधाओं की परवाह। उन्हें जैक मा पर पूरा विश्वास था कि एक दिन सफलता उनके कदम चूमेगी। अलीबाबा की नींव एक विश्वास की मजबूत नींव की तरह थी। उस विश्वास के दम पर उसके भविष्य का अंदाजा लगाया जा सकता था।

की चोंग्क्इसन 1994 में न्यूयॉर्क की विदेशी निवेश कंपनी का उपाध्यक्ष और कानूनी सलाहकार था। 1995 में उसने उत्तरी यूरोप की अधीनस्थ कंपनी में निवेश प्रबंधक और उपाध्यक्ष का पद ग्रहण किया था, जब अलीबाबा ने 10 मार्च, 1999 को अंग्रेजी भाषा में अपनी वेबसाइट की शुरुआत की तो इस पहल

ने 'फोर्ब्स' और 'न्यूजवीक' मैगजीन जैसे अंतरराष्ट्रीय समाचार माध्यमों का ध्यान आकर्षित किया। उस समय तक इंटरनेट में निवेश करना सभी व्यापारियों का चलन बन गया था। अलीबाबा भी इ-कॉमर्स की एक बेहतरीन वेबसाइट थी। उसमें ताजगी के साथ-साथ उसकी लोकप्रियता तेजी के साथ बढ़ गई थी। यह इ-कॉमर्स के लिए बहुत बेहतरीन साल था। इसी समय चोंग्क्इसन ने हांगझोऊ की यात्रा की। वह अपनी आँखों से जैक का मुख्यालय देखना चाहता था और उसी के चलते वह उस कमरे के अंदर खड़ा था, जहाँ जैक ने उसका स्वागत किया। पहली नजर में वह समझ गया था कि अपने लक्ष्य को पाने के लिए वे समर्पित लोग थे। जिनमें थोड़ा पागलपन होना बहुत जरूरी था। जैक मा की कार्यपद्धति एक आदर्शवाद का उदाहरण थी। उसको सबसे ज्यादा आश्चर्य इस बात से हुआ कि 18 लोगों ने मिलकर कंपनी की शुरुआत की थी, लेकिन उन सबके बीच कोई लिखित सहमति नहीं थी। किसी दस्तावेज पर उन्होंने हस्ताक्षर नहीं किए थे। जैक मा ने उससे मजाकिया लहजे में कहा भी था—"हम लोग अभी आधिकारिक रूप में कंपनी नहीं हैं।" चोंग्क्इसन ने आगे चलकर अपनी नौकरी छोड़ जैक मा के साथ मिलकर काम किया। ऐसे समय में अलीबाबा को एक अनुभवी व्यक्ति की आवश्यकता थी। चोंग्क्इसन अंतरराष्ट्रीय निवेश का विशेषज्ञ था। उसी के परिणामस्वरूप अलीबाबा को अंतरराष्ट्रीय निवेशकों से पाँच मिलियन डॉलर की पूँजी मिली। आगे चलकर उसने अलीबाबा को वित्तीय रूप से मजबूत बनाने में बहुत बड़ी भूमिका निभाई। चोंग्क्इसन को कंपनी का मुख्य वित्तीय अधिकारी सी.ई.ओ. बनाया गया और जैक मा ने हाँगकाँग के मुख्यालय का कार्यभार उसको सौंप दिया। उसने कहा, "इस शहर में काम करनेवाले अधिकांश की प्रवृत्ति मुझे बहुत

वह अपनी आँखों से जैक का मुख्यालय देखना चाहता था और उसी के चलते वह उस कमरे के अंदर खड़ा था, जहाँ जैक ने उसका स्वागत किया। पहली नजर में वह समझ गया था कि अपने लक्ष्य को पाने के लिए वे समर्पित लोग थे।

दिलचस्प लगती थी। उनके मुताबिक जिंदगी के बड़े फैसले दिमाग से नहीं, बल्कि हिम्मत से लिये जाते थे। मुझे खुद ऊर्जा और उत्साह से भरे लोगों के साथ काम करना अच्छा लगता है। मुझे भी जोखिम उठाना पसंद है, इसलिए मुझे यह प्रस्ताव पसंद आया, बस इतनी सी बात है।"

जैक मा कहते हैं, "कोई भी व्यापार जुआरियों का स्वागत नहीं करता। व्यापार जमाने में बहुत समय लगता है। स्थानीय लोगों के लिए मूल्य बनाइए, तब निश्चित रूप से एक दिन आपको मौका मिलेगा।" यदि असफलताओं की बात करें तो जैक की सूची बहुत लंबी है। उन्होंने अपने शहर में पुलिस की नौकरी करनी चाही तो पाँच लोगों में से केवल उन्हें योग्य नहीं समझा गया। के.एफ.सी. में चौबीस लोग इंटरव्यू के लिए गए। तेईस लोगों को नौकरी पर रख लिया गया, लेकिन जैक मा उसके योग्य नहीं हो पाए। हार्वर्ड यूनिवर्सिटी में पढ़ने के लिए उन्होंने दस बार आवेदन किया, लेकिन उन्हें वहाँ पढ़ने का मौका नहीं मिला। क्या था वह बार-बार, जो उन्हें लौटने के लिए मजबूर कर रहा था और उन्होंने कभी हिम्मत नहीं हारी। उनका जीवन को देखने का नजरिया कि असफल आप तब होते हैं, जब प्रयास करना छोड़ देते हैं। इसने उन्हें कभी रुकने नहीं दिया। एक योजना के विफल होते ही उन्होंने हमेशा दूसरी योजना पर काम शुरू किया। वे जानते थे कि गति ही सफलता तक पहुँचाती है। कदमों का रुक जाना सफलता के सारे रास्ते बंद हो जाना है। वे जानते थे कि सबकुछ सोने की थाली में सजा हुआ नहीं मिलेगा। संघर्ष और असफलता में भी दृढ़ता के साथ खड़े रहना उच्च लक्ष्यों को प्राप्त करने के लिए आवश्यक है। जैक मा ने असाधारण तरीके से अपनी ऊर्जा का पीछा किया है।

जैक मा कहते हैं, "कोई भी व्यापार जुआरियों का स्वागत नहीं करता। व्यापार जमाने में बहुत समय लगता है। स्थानीय लोगों के लिए मूल्य बनाइए, तब निश्चित रूप से एक दिन आपको मौका मिलेगा।" यदि असफलताओं की बात करें तो जैक की सूची बहुत लंबी है।

ऐसा नहीं था कि सबकुछ जैक के लिए अच्छा था और सभी जैक के समर्थन में थे। कुछ लोग ऐसे भी थे, जो सोचते थे कि अलीबाबा के लिए जैक को सुर्खियों से बाहर निकलकर उसके प्रबंधकों के लिए काम करना चाहिए। उनके अनुसार जैक के ऐसे संदेश एकदम व्यर्थ थे। उन्हें लगता था कि सी.ई.ओ. की छवि उनके लिए बुरी साबित हो सकती थी। एक वजह यह भी थी कि जिन लोगों को स्थानीय प्रबंधक के लिए नियुक्त किया गया था, वे हमेशा बहुराष्ट्रीय कंपनियों के लिए काम करते रहे थे और वे चाहते थे कि प्रबंधन का कार्य जल्दी-से-जल्दी उन्हें सौंप दिया जाए। उनकी नजर में जैक एकदम नए थे।

लेकिन अलीबाबा बहुत जल्दी बढ़ रहा था। अलीबाबा हर दिन प्रगति की राह पर था। अलीबाबा के पास बहुत जल्द 2,00,000 रजिस्टर्ड सदस्य थे। उनका व्यवसाय लगभग हर देश के साथ जुड़ा हुआ था। यह अच्छी शुरुआत थी, लेकिन जैक का सपना अभी पूरा नहीं हुआ था।

लेकिन अलीबाबा बहुत जल्दी बढ़ रहा था। अलीबाबा हर दिन प्रगति की राह पर था। अलीबाबा के पास बहुत जल्द 2,00,000 रजिस्टर्ड सदस्य थे। उनका व्यवसाय लगभग हर देश के साथ जुड़ा हुआ था। यह अच्छी शुरुआत थी, लेकिन जैक का सपना अभी पूरा नहीं हुआ था। जैक साल के अंत तक दुनिया भर में अपने एक मिलियन उपयोगकर्ताओं के लक्ष्य तक पहुँचना चाहते थे। अलीबाबा ने लंदन, हाँगकाँग, सिलिकॉन वैली सब जगह उसने अपने नए कार्यालय खोले थे। नए प्रबंधक और नए कर्मचारी हर दिन अलीबाबा से जुड़ रहे थे। जैक मा बहुत तेजी से दौड़ रहे थे। वे अकसर कहते, "हम एक टीम की तरह आगे बढ़ रहे हैं। जो एक बड़े सपने का पीछा कर रही है। चीन से एक वैश्विक कंपनी का निर्माण। बस हमें यह याद रखना है कि हम जीतेंगे। हम इसे बनाएँगे, क्योंकि हम युवा हैं, हमारे पास संभावनाएँ हैं। हार मानना ही सपने का अंत होता है।" जैक हर विषय पर बात कर रहे थे। भले ही उनके अंदर एक सी.ई.ओ. जैसा

रोब और प्रभाव नहीं था, लेकिन इसने उन्हें और आकर्षक बना दिया था।

'वर्ष 2000, बर्लिन', यह यूरोप का सबसे बड़ा इंटरनेट सम्मेलन था। यहाँ भाषण देने के लिए खुद को जैक ने तैयार किया था। वह निर्धारित समय पर प्रवेश द्वार पर पहुँचे। यहाँ 500 लोगों के बैठने की जगह थी। जैक कॉन्फ्रेंस हॉल में दाखिल हुए। इंटरनेट वर्ल्ड के एक सदस्य ने मंच पर कदम रखा और माइक्रोफोन पर झुककर कहा, "हमारे अगले वक्ता हैं alibaba.com के संस्थापक और सी.ई.ओ., कृपया मंच पर आइए, आपका स्वागत है।" जैक पूरे उत्साह के साथ मंच पर उतरे। उन्होंने बेहद शानदार भाषण शुरू किया, जो श्रोताओं को उनके जीवन से लेकर अलीबाबा और उसके सपने तक पहुँचाता था। वे एक महान् कथाकार लग रहे थे। तालियों की गड़गड़ाहट से पूरा हॉल गूँज गया। भले ही वह सिर्फ तीन लोगों की तालियाँ थीं, लेकिन जैक ने कहा कि तीन नए क्रांतिकारियों को हमने आकर्षित किया। निश्चित तौर पर अलीबाबा अभी यूरोप तक नहीं पहुँचा था, लेकिन फिर भी जैक मा ने पूरे विश्वास के साथ आशा जताई और अपने साथी से कहा, "चिंता की कोई बात नहीं है। हम जब दूसरी बार आएँगे, यह हॉल पूरा खचाखच भरा होगा।"

□

4

ईबे से जंग और तोबाओ की सफलता

अलीबाबा को वैश्विक हो जाने के लिए तीव्रता से आगे बढ़ने की आवश्यकता थी और उसके लिए पर्याप्त धनराशि सबसे बड़ी प्राथमिकता थी। सिलिकॉन वैली में जैक मा ने चालीस से अधिक निवेशकों से बातचीत की थी, लेकिन किसी ने भी अलीबाबा में अपनी रुचि नहीं दिखाई। उन्हें नहीं लगता था कि कभी अलीबाबा विश्व विख्यात कंपनी बनेगा, लेकिन जैक मा को शीर्ष 500 कंपनियों में पहुँचने के लिए दिन-रात मेहनत के साथ-साथ पैसे की भी जरूरत थी। इसी के चलते एक मेल मिलने पर वह बीजिंग में, सोम से मिलने पहुँच गए थे। सोम उस वक्त एशिया के सबसे अमीर व्यक्ति थे। जैक मा बहुत साधारण तरीके से वहाँ पहुँचे थे, उनके कपड़ों में कोई विशेषता नहीं थीं। उनके हाथ में अखबार का एक टुकड़ा था। कोई नहीं कह सकता कि सोम उनकी कंपनी में मिलियन डॉलर निवेश करेंगे, जब वे हॉल में दाखिल हुए तो सोम ने उनसे कहा कि आपको केवल बीस मिनट का समय दिया जाएगा और जैक मा ने बोलना शुरू किया। वे छह मिनट ही बोले थे कि सोम ने उन्हें रोक दिया और कहा, "आपको कितने पैसे की जरूरत है?" सोम ने अपनी मर्जी से अलीबाबा में तीस मिलियन डॉलर निवेश करने का प्रस्ताव रखा था, लेकिन यह एक बड़ी रकम थी। जैक मा ने इसके लिए मना करते हुए केवल बीस मिलियन डॉलर ही स्वीकार किए।

सोम एक दूरदर्शी व्यक्ति थे। उन्होंने याहू की शुरुआत में उसमें 100 मिलियन डॉलर निवेश किए थे और वे छह मिनट के बाद ही यह समझ चुके

थे कि अलीबाबा में वह काबिलीयत है कि वह अंतरराष्ट्रीय कंपनी के रूप में उभर सकता है। उन्हें जैक मा की आँखों में वही आत्मविश्वास दिखाई दिया, जो कभी उन्हें जेरी यांग की आँखों में दिखाई दिया था। साथ-ही-साथ सोम को पूरा यकीन था कि जैक मा एक ईमानदार व्यक्ति है और किसी दिन अलीबाबा गूगल की तरह दुनिया पर राज करेगा। वह गूगल से कहीं बेहतर स्थिति में था। गूगल का अस्तित्व अधिकतर उसके प्रचार पर आधारित था, लेकिन अलीबाबा के पास प्रचार के साथ-साथ एक बेहतर रणनीति और संपर्क सूत्र थे। सोम जानते थे कि चीन विश्व का सबसे बड़ा जी.डी.पी. वाला देश होगा और इसी के चलते अलीबाबा की पहुँच विदेशी बाजारों तक फैल जाएगी और सोम ने इसी के चलते खुद को अलीबाबा से जोड़ दिया। यह अंत नहीं था, यह सहभागिता की शुरुआत थी।

कुछ समय बाद सोम ने अलीबाबा में 82 मिलियन डॉलर निवेश किए और अलीबाबा ने सी.टू.सी. (कस्टमर-टू-कस्टमर) की शुरुआत की और 2003 में तोबाओ का जन्म हुआ। यह एक ऐसी सुविधा थी, जिसमें ग्राहक सीधे दूसरे ग्राहक के साथ व्यापार कर सकता था।

कुछ समय बाद सोम ने अलीबाबा में 82 मिलियन डॉलर निवेश किए और अलीबाबा ने सी.टू.सी. (कस्टमर-टू-कस्टमर) की शुरुआत की और 2003 में तोबाओ का जन्म हुआ। यह एक ऐसी सुविधा थी, जिसमें ग्राहक सीधे दूसरे ग्राहक के साथ व्यापार कर सकता था। आनेवाले समय में अलीबाबा ने चाइना याहू को भी अपने साथ मिला लिया और इस तरह दोनों ने मिलकर चीन की 40 प्रतिशत ग्राहक सेवा एक बिलियन डॉलर में हासिल कर ली थी। सोम याहू चाइना के सबसे बड़े शेयरधारक थे। जिससे अलीबाबा की नींव और मजबूत हुई। 7 जुलाई, 2003 को जैक मा ने घोषणा की थी कि अलीबाबा बी-टू-बी और सी-टू-सी के लिए 100 मिलियन युआन की लागतवाले व्यवसाय तोबाओ की स्थापना करेगा।

इसके पीछे बहुत बड़ा कारण था। इचनेट अलीबाबा के सामने दीवार

बनकर खड़ा था। उस समय 3.5 मिलियन लोग इचनेट की सेवाओं का उपयोग कर रहे थे। हर एक सेकंड में वेबसाइट पर नया उत्पाद अपलोड होता था और हर 10 सेकंड में बोली लगती। हर मिनट पर वहाँ डील हो रही थी। इचनेट पर 2,350,000 उत्पाद उपलब्ध थे। जिनकी कीमत आज 800 मिलियन युआन थी। यह छोटा आँकड़ा नहीं था। इस तरह इचनेट एक ताकतवर शेर की तरह था, लेकिन यह ताकत और बढ़ गई जब दुनिया की सबसे बड़ी इ-कॉमर्स कंपनी ईबे ने उसमें 150 मिलियन डॉलर निवेश कर उसके 67 प्रतिशत शेयर खरीद लिये। यह एक खुली चुनौती भरी प्रतियोगिता थी। अलीबाबा और इचनेट का प्रचार इतने जोरों पर था कि हर जगह और हर होल्डिंग पर अलीबाबा और इचनेट के इश्तिहार ही नजर आते थे।

> ***सौ मिलियन युआन की लागत से बने तोबाओ की किसी ने सराहना नहीं की, बल्कि उसे जैक की बेवकूफी का नतीजा बताया गया। सभी अखबार कह रहे थे कि इ-कॉमर्स का भविष्य सुनिश्चित नहीं है तो जैक मा ने ऐसा निर्णय क्यों लिया? क्या आम लोगों को तोबाओ में निवेश करके कोई लाभ होगा?***

सौ मिलियन युआन की लागत से बने तोबाओ की किसी ने सराहना नहीं की, बल्कि उसे जैक की बेवकूफी का नतीजा बताया गया। सभी अखबार कह रहे थे कि इ-कॉमर्स का भविष्य सुनिश्चित नहीं है तो जैक मा ने ऐसा निर्णय क्यों लिया? क्या आम लोगों को तोबाओ में निवेश करके कोई लाभ होगा? लेकिन यह निर्णय भविष्य में लाभदायक साबित हुआ। जैक मा ने तोबाओ के साथ-साथ 'अलीपे' की भी शुरुआत की थी। अलीपे याहू चाइना और अलीबाबा का ऑनलाइन भुगतान मंच था। इ-कॉमर्स के क्षेत्र में अलीबाबा के विकास की राह पर तोबाओ की सफलता का महत्त्वपूर्ण योगदान है।

उस समय यह अटकलें गलत नहीं थीं, क्योंकि उस समय चीन इंटरनेट के संकट से गुजर रहा था। इंटरनेट के लिए वह समय प्रतिकूल था और उस

समय जैक मा का ऐसा और इतना बड़ा निर्णय बेवकूफी समझा जाना कोई बड़ी बात नहीं थी, क्योंकि 'इचनेट' जैसी बड़ी कंपनियों की इंटरनेट बाजार में भागीदारी 80 प्रतिशत थी और उसने ईबे के साथ अपना हाथ भी मिला लिया था। 'ईबे' के पास अपना बड़ा अनुभव था, क्योंकि वह एक अमरीकी कंपनी थी। यह एक जंग की शुरुआत थी। इचनेट ने तोबाओ को इतनी तवज्जो नहीं दी थी, लेकिन अलीबाबा के पास निवेशकों की कमी नहीं थी, इसी के चलते अलीबाबा अपना विस्तार करता चला गया। इस समय तक ईबे अपने C2C के बाजार को अमरीका, जर्मनी, ब्रिटेन, कोरिया, ऑस्ट्रेलिया, कनाडा में फैला चुका था और उसका अगला निशाना चीन था, क्योंकि वहाँ इंटरनेट उपभोक्ताओं की वृद्धि हो रही थी। वहाँ इ-कॉमर्स के विकास की अपार संभावनाएँ थी। ईबे विश्व विजय करना चाहता था। यह बात जैक मा अच्छे से जानते थे, इसलिए उन्होंने b2b और c2c के बीच की दीवार को खत्म कर दिया।

जुलाई 2003 में इचनेट कंपनी ने घोषणा की कि वह 18 महीने के भीतर चीन इ-कॉमर्स के बाजार पर अधिकार कर लेगी। जिस पर जैक ने अपना विरोध जताते हुए कहा था, "बड़े-से-बड़ा ड्रैगन भी स्थानीय साँपों पर काबू नहीं कर सकता।" स्थानीय लोगों की समस्याओं को केवल स्थानीय कंपनी ही समझ सकती है।

जुलाई 2003 में इचनेट कंपनी ने घोषणा की कि वह 18 महीने के भीतर चीन इ-कॉमर्स के बाजार पर अधिकार कर लेगी। जिस पर जैक ने अपना विरोध जताते हुए कहा था, "बड़े-से-बड़ा ड्रैगन भी स्थानीय साँपों पर काबू नहीं कर सकता।" स्थानीय लोगों की समस्याओं को केवल स्थानीय कंपनी ही समझ सकती है। इचनेट ने गूगल और बिदु के सर्च इंजन में निवेश किया था। बिदु एक चीनी वेब कंपनी थी, जो ऑनलाइन इनसाइक्लोपीडिया चलाती थी। उस समय 'तोबाओ' के एक विज्ञापन की नकल करके इचनेट ने कॉपीराइट का उल्लंघन किया था। अलीबाबा के दबाव के कारण इचनेट

को वह विज्ञापन हटाना पड़ा और विज्ञापनों की जंग की शुरुआत हो गई। जब जैक मा तोबाओ की साइट का विज्ञापन करना चाहते थे तो उन्हें पता चला कि सारे पोर्टल पर ईबे के विज्ञापन हैं। इस तरह बिना विज्ञापन के अपनी पहचान बनाना तोबाओ के लिए मुश्किल हो गया था। यदि प्रचार नहीं होता तो तोबाओ कैसे लोगों तक पहुँचता ? न केवल तोबाओ, इचनेट के प्रचार के साथ-साथ व्हिटमेन ने ओपो, आर्ट रेड, याहू ऑक्शन सभी के विज्ञापनों को ब्लॉक कर दिया था। सभी साइट्स पर केवल ईबे के विज्ञापन मौजूद थे और विज्ञापन किसी भी व्यापार का सबसे पहला नियम है।

जैक मा हारनेवालों में से नहीं थे। उन्होंने तोबाओ का प्रचार हजारों निजी वेब पोर्टल पर किया। स्टेशन, सार्वजनिक बस-स्टैंड, बसों, सब जगह तोबाओ के विज्ञापनों की धूम मच गई। जैक ने हर छोटी-से-छोटी वेबसाइट पर अपना ध्यान केंद्रित कर दिया।

जैक मा हारनेवालों में से नहीं थे। उन्होंने तोबाओ का प्रचार हजारों निजी वेब पोर्टल पर किया। स्टेशन, सार्वजनिक बस-स्टैंड, बसों, सब जगह तोबाओ के विज्ञापनों की धूम मच गई। जैक ने हर छोटी-से-छोटी वेबसाइट पर अपना ध्यान केंद्रित कर दिया। यह जाहिर सी बात थी कि ज्यादातर लोग बड़ी साइट्स पर नियमित रूप से जाते जरूर थे, लेकिन छोटी और मध्यम आकार की साइट्स को लोग दिन में कई बार देखते हैं और वहाँ तोबाओ के विज्ञापनों की भरमार थी।

5 अप्रैल, 2004 को तोबाओ ने यह घोषणा की कि वह 21सी एन के साथ साझेदारी कर रहा है। सीएन चाइना टेलीकॉम के अधीन काम करनेवाली एक कंपनी थी। जो चीन के शीर्ष दस पोर्टल में आती थी। 13 अप्रैल को सिनो और याहू ने मिलकर IPIA.com नाम की ऑनलाइन इन्वेंटरी शुरू की। इसकी शुरुआत तोबाओ के लिए की गई थी और यह उपयोगी भी रहा। अब ईबे चाहकर भी विरोधियों को ब्लॉक नहीं कर सकता था, क्योंकि 21सी और तोबाओ अब टेलीविजन, टेक्सट, मैसेजिंग, इ-मेल साइट्स और मार्केटिंग

इवेंट्स जैसी जगह मिलकर काम करनेवाले थे। यह कारोबार में उथल-पुथल का समय था, लेकिन तोबाओ ने उस पर ध्यान न देते हुए खुद को मजबूत करने पर अपना सारा ध्यान केंद्रित कर दिया, लेकिन सी-टू-सी में टकराव की स्थिति बनने लगी थी। इसके चलते अलीबाबा ने अलीपे को बेच दिया। अलीपे को बेचना जरूरी हो गया था, लेकिन अलीपे ने बिकने से पहले तोबाओ की विश्वसनीयता को इतना प्रभावी बना दिया था कि सार्वजनिक सुरक्षा मंत्रालय के पहचान-पत्र निरीक्षण केंद्र के साथ-साथ इंडस्ट्रियल और कॉमर्शियल बैंक, उपभोक्ताओं की ऑनलाइन भुगतान की सुविधा के लिए, तोबाओ के साथ समझौता करने के लिए वचनबद्ध हो गई थीं। इससे तोबाओ के ग्राहकों में तेजी से वृद्धि हुई।

यह वही समय था, जब तोबाओ ने एक 'इंस्टैंट चैट टूल तोबाओ वान्वंग' की भी शुरुआत की। जिसमें क्रेता और विक्रेता सीधे एक-दूसरे से संपर्क कर सकते थे। इंस्टैंट चैट टूल से पहले क्यू क्यू का इस्तेमाल किया जाता था। जो पुराना सॉफ्टवेयर था। वान्वंग बेहतर विकल्प था। इसका निर्माण ऑनलाइन कारोबार को केंद्र में रखकर किया गया था। इसने शुरुआती दौर में ही लोकप्रियता हासिल कर ली थी, क्योंकि इसके जरिए लोगों को लगने लगा था कि ऑनलाइन व्यापार में उनकी जरूरतों और हितों को ध्यान में रखा जाता है। इंस्टैंट चैट टूल इंटरनेट की दुनिया में एक नया प्रयोग था, इसलिए इसका टकराव किसी से नहीं हुआ और यही इसकी सफलता का कारण बना। इसकी विशेषताएँ एवं उद्देश्य व्यापारिक सुविधाओं को केंद्र में रखकर स्थापित किए गए थे कि वह ज्यादा-से-ज्यादा ऑनलाइन व्यवसाय के लिए उपयोगी हों।

यह वही समय था, जब तोबाओ ने एक 'इंस्टैंट चैट टूल तोबाओ वान्वंग' की भी शुरुआत की। जिसमें क्रेता और विक्रेता सीधे एक-दूसरे से संपर्क कर सकते थे। इंस्टैंट चैट टूल से पहले क्यू क्यू का इस्तेमाल किया जाता था। जो पुराना सॉफ्टवेयर था। वान्वंग बेहतर विकल्प था।

अलीपे और तोबाओ ने इचनेट को कड़ी टक्कर दी। यहाँ ईबे के लिए अपना बचाव करना बेहद जरूरी था, क्योंकि तोबाओ दिन-पर-दिन बढ़ता जा रहा था और इंटरनेट उपभोक्ताओं को रिझाने के लिए इचनेट को किसी-न-किसी बदलाव की आवश्यकता थी। इसी के चलते 13 जून को इचनेट ने घोषणा की कि वह विक्रेताओं पर विक्रय सीमा लागू करने की योजना को खत्म कर रहा है; हालाँकि यह घोषणा दीर्घकाल में उसके लिए बड़ी नाकामी सिद्ध हुई, क्योंकि इससे बाद में विक्रेताओं को नुकसान पहुँचा और तभी तोबाओ ने एक आँकड़ा दिया कि उस दिन इचनेट के ऑनलाइन उपभोक्ताओं में 5,00,000 की वृद्धि हुई, जिसने वेबसाइट के सर्वर को क्रश कर दिया था।

तोबाओ और इचनेट में काँटे की टक्कर थी और हर कोई इनकी बात कर रहा था। इ-कॉमर्स के क्षेत्र में विशेषज्ञों के घोषणा-पत्र और नए-नए आलेख प्रस्तुत किए जा रहे थे। यह खबर केवल चीन तक सीमित नहीं थी, बल्कि इसने अंतरराष्ट्रीय मीडिया को भी अपनी ओर आकर्षित किया और इसने 'ईबे' की सफलता पर प्रश्नचिह्न खड़ा कर दिया।

तोबाओ और इचनेट में काँटे की टक्कर थी और हर कोई इनकी बात कर रहा था। इ-कॉमर्स के क्षेत्र में विशेषज्ञों के घोषणा-पत्र और नए-नए आलेख प्रस्तुत किए जा रहे थे। यह खबर केवल चीन तक सीमित नहीं थी, बल्कि इसने अंतरराष्ट्रीय मीडिया को भी अपनी ओर आकर्षित किया और इसने 'ईबे' की सफलता पर प्रश्नचिह्न खड़ा कर दिया। कुछ अखबारों ने तो यहाँ तक लिख दिया कि तोबाओ, चीन में सी-टू-सी इ-कॉमर्स की वेबसाइट के रूप में नंबर वन पायदान पर पहुँच गया है। एक सर्वे में यहाँ तक कहा गया कि ईबे चाइना के 70 प्रतिशत छोटे विक्रेता निजी कारोबार के लिए तोबाओ प्लेटफॉर्म का इस्तेमाल करते हैं।

वर्ष 2003 तक चीन के 50 प्रतिशत सी-टू-सी बाजार पर अकेले ईबे का कब्जा था, लेकिन 2004 तक तोबाओ ने उसके सामने एक चुनौती खड़ी कर

दी थी और इस तरह सी-टू-सी बाजार में तोबाओ बाजार का अकेला स्वामी बन गया था। प्रतियोगिता जैसे-जैसे बढ़ती जा रही थी, वैसे-वैसे तोबाओ और मजबूत होता जा रहा था। 19 जुलाई को अलीबाबा ने तोबाओ में 350 मिलियन युआन निवेश किया। इस तरह अलीबाबा ने तोबाओ में कुल 540 मिलियन युआन निवेश कर दिए थे। सितंबर 2004 के आँकड़ों के हिसाब से तोबाओ के उपभोक्ताओं की संख्या इतनी तेज गति से बढ़ी थी कि वो ईबे के मुकाबले तीन गुना हो चुकी थी। 21 सितंबर को तोबाओ ने अपना ब्योरा प्रस्तुत किया, जो अगस्त महीने में उनके कारोबार की कमाई थी, उसने 120 मिलियन युआन का कारोबार किया था। जो एक दिन का कारोबार का औसत लगभग 7 मिलियन था। दूसरी तरफ ईबे और इचनेट ने 2004 में अपना ब्योरा दिया, जो हर महीने 107 युआन के बराबर था। इचनेट के नए उपभोक्ताओं की संख्या लगभग 70,00,000 थी, जबकि तोबाओ की संख्या 20,20,000 हजार थी। उपभोक्ता कम होने के बाद भी तोबाओ ने इचनेट से अधिक मुनाफा कमाया था। 20 अक्तूबर, 2005 को जैक मा ने तोबाओ में एक मिलियन युआन और निवेश किया।

वह समय जल्दी ही आया, जब जैक मा को विजेता घोषित किया गया। तोबाओ ने चीन के सी-टू-सी बाजार पर पूरी तरह से कब्जा कर लिया था। अक्तूबर 2006 में ईबे तथा इचनेट बिकने के लिए तैयार थीं। 20 दिसंबर, 2006 को ईबे, इचनेट ने चीन मोबाइल इंटरनेट कंपनी टॉम ऑनलाइन के साथ साझेदारी की।

वह समय जल्दी ही आया, जब जैक मा को विजेता घोषित किया गया। तोबाओ ने चीन के सी-टू-सी बाजार पर पूरी तरह से कब्जा कर लिया था। अक्तूबर 2006 में ईबे तथा इचनेट बिकने के लिए तैयार थीं। 20 दिसंबर, 2006 को ईबे, इचनेट ने चीन मोबाइल इंटरनेट कंपनी टॉम ऑनलाइन के साथ साझेदारी की। केवल 20 मिलियन अमेरिकी डॉलर खर्च करने के बाद टॉम ऑनलाइन, इचनेट के 51 प्रतिशत शेयर पर कब्जा कर चुका था और

इसके बाद एक संयुक्त कंपनी की शुरुआत हुई—'टॉम इचनेट'। जब वांग लीली उसके सी.ई.ओ. बने तो उन्होंने कहा था, "हम किसी ऐसी कंपनी से मुकाबला करने की सोच भी नहीं सकते, जिसके पास अपनी परिसंपत्ति का आकलन करने का भी समय न हो।" जैक मा की कंपनी उस बुलंदी पर पहुँच चुकी थी, जहाँ ईबे उसके साथ काम करना चाहती थी।

ईबे ने कभी नहीं सोचा था कि तोबाओ उसे हराकर चीन पर राज करेगा। उसने तोबाओ के आने पर भी उस पर ध्यान भी नहीं दिया था, क्योंकि ईबे विश्व भर में अपना झंडा लहरा चुकी थी। उसके पास वाइटमैन जैसी अनुभवी सी.ई.ओ. थी, लेकिन जैक के पास एक बड़ा सपना था। वह सपना था विश्व की 500 बड़ी कंपनीज में आने का, जबकि उसे अगले महीने अपने कर्मचारियों को तनख्वाह देने के लिए भी जद्दोजहद करनी पड़ती थी। उन्होंने अपने जीवन में कभी नहीं कहा कि वह अगले साल जीत जाएँगे या फिर कल जीत जाएँगे। उन्होंने हमेशा यही माना कि उन्हें अगले दस साल में कहाँ होना चाहिए, जब वे जीत का जश्न मना सकें। वे हमेशा से यही मानते आए हैं, ताकतवर और बड़ी कंपनी खड़ी करना व्यवसाय में टिके रहने के लिए इतना जरूरी नहीं है, जितना जरूरी एक अच्छी कंपनी का निर्माण करना है, जिसमें उपभोक्ताओं की सुविधा का ध्यान रखा जाए। इचनेट, ईबे और तोबाओ के उपभोक्ताओं की संख्या में एक बड़ा अंतर था, लेकिन तोबाओ के मुनाफे का आँकड़ा ईबे और इचनेट को बहुत पीछे छोड़नेवाला था। यह उपभोक्ताओं को प्रदान की गई उनकी गुणवत्ता का ही परिणाम था। यहाँ तक कि वह लोग, जो अपने व्यवसाय के लिए ईबे का इस्तेमाल करते आए थे, तोबाओ की तरफ रुख कर

ईबे ने कभी नहीं सोचा था कि तोबाओ उसे हराकर चीन पर राज करेगा। उसने तोबाओ के आने पर भी उस पर ध्यान भी नहीं दिया था, क्योंकि ईबे विश्व भर में अपना झंडा लहरा चुकी थी। उसके पास वाइटमैन जैसी अनुभवी सी.ई.ओ. थी, लेकिन जैक के पास एक बड़ा सपना था।

रहे थे। वे कहते हैं, "उन्होंने अपने जीवन में हजारों कंपनियों से प्रतियोगिता की है, चाहे वे हाथी की तरह थीं और वे एक चींटी की तरह, फिर भी उन्होंने सफलता हासिल की, क्यों? क्योंकि उनकी सोच और रास्ते हमेशा सही थे।" उन्होंने कहा, "अगर मैं कभी असफल हुआ तो मुझे हमेशा बुरा लगा, लेकिन बुरा लगना किसी समस्या का समाधान नहीं है। यह आपकी ही गलती है कि आप किसी को सहमत करने में नाकामयाब रहे हैं, अगर आप सफल होना चाहते हैं तो एक नींद लीजिए और उसके बाद उठिए और दोबारा प्रयास कीजिए। किसी भी सफलता के लिए दो लोगों का सहमत होना जरूरी है, आपकी टीम आपसे सहमत हो। उसका आप पर विश्वास हो और आप दोनों साथ मिलकर अपने सपने पर विश्वास करते हों। दूसरा है, आपके उपभोक्ता, जो आपके उत्पाद से प्यार करते हों। जब उन्होंने अलीपे शुरू किया तो लोगों ने उन्हें सलाह दी कि वित्तीय क्षेत्र में हस्तक्षेप मत करो, अगर तुम वहाँ जाओगे तो वह अच्छा नहीं होगा, लेकिन उन्होंने उसमें विश्वास किया और उसे सफल भी करके दिखाया। यदि आप किसी चीज में विश्वास करते हैं तो संशय के लिए कोई स्थान नहीं होना चाहिए। बशर्ते वह तुम्हारी अभिरुचियों से जुड़ा हो।"

"तुम दुःखी मत हो, यदि यह नौकरी तुम्हें नहीं मिली तो इसका मतलब यह है कि तुम इसके लिए नहीं बने और उन्होंने कहा कि मैंने तुम्हारे लिए अखबार और पत्रिका बाँटने के काम के लिए बात कर ली है।" और दूसरी सुबह जैक मा तीन पहिएवाला रिक्शा लेकर अखबार बाँटने निकल गए।

वह एक शांत रात थी। जैक मा अपने पिता के बिस्तर के पास चुपचाप बैठे हुए थे, क्योंकि चौकीदार की नौकरी उनके हाथ से निकल गई थी। उनके पिता ने अपने बेटे को दिलासा देते हुए कहा, "तुम दुःखी मत हो, यदि यह नौकरी तुम्हें नहीं मिली तो इसका मतलब यह है कि तुम इसके लिए नहीं बने और उन्होंने कहा कि मैंने तुम्हारे लिए अखबार और पत्रिका बाँटने के काम

के लिए बात कर ली है।" और दूसरी सुबह जैक मा तीन पहिएवाला रिक्शा लेकर अखबार बाँटने निकल गए। उन्होंने एक बार कहा था, "उस समय मैं केवल 12 साल का था, जब मेरा जीवन 'द बुक ऑफ वन थाउजेंड एंड वन नाइट' की मिथकीय कहानी 'ओपन सीसम' की तरह हो चुका था। मेरे जीवन में एक के बाद एक तोड़नेवाली घटनाएँ घटित होती रही थीं। इसके बावजूद मैंने उन्हें बहुत सहजता के साथ स्वीकार किया, क्योंकि मेरे पिता ने सफलता के आदर्श सिद्धांतों को खोजने में अपने जीवन के अमूल्य वर्ष खपा दिए थे। उनकी यह मान्यता थी कि तुम्हें जो रुचिकर लगे, हमेशा उसी रास्ते पर चलो। अपनी अभिरुचियों को अच्छे से तराशकर तुम उन्हें अपनी प्रतिभा में परिवर्तित कर सकते हो। तुम्हारी प्रतिभा ही तुम्हारी सफलता का सबसे बड़ा निर्णायक तत्त्व है।"

□

5

संघर्ष और तरक्की

वर्ष 2003 आने तक तोबाओ के उपभोक्ताओं में 35,000 नए सदस्य हर दिन जुड़ रहे थे। यह आँकड़ा पिछले तीन महीने की तुलना में 50 प्रतिशत अधिक था। प्रत्येक साल वेबसाइट पर कारोबार के 900 से 1200 अवसर उपलब्ध कराए जा रहे थे, जो पिछले सालों की तुलना में बहुत अधिक था। अंतरराष्ट्रीय खरीदारों की भी दुगनी वृद्धि दर्ज हुई थी। चीन में निर्मित होनेवाले लगभग 30 शीर्ष उत्पादों का सर्च अंतरराष्ट्रीय खरीदारों द्वारा चार गुना अधिक हो गया था, जिससे उत्पादों के निर्माण में भी दुगनी वृद्धि हुई। हर महीने वेबसाइट को हिट करनेवाले लोगों की संख्या 185 मिलियन हो गई थी और वेबसाइट विजिट करनेवाले लोग 2.4 मिलियन थे। इन आँकड़ों के आधार पर पूरी दुनिया में 3,80,000 खरीदार 1.9 मिलियन विक्रेता दर्ज हुए, जो अलीबाबा की सुविधाओं का लाभ उठा रहे थे।

2003 SARS (महामारी) अपने शिखर पर था। अलीबाबा के लिए इसे एक अच्छा मौका कहा जा सकता था, क्योंकि इ-कॉमर्स व्यापार अब उद्योग-धंधों के लिए अधिक कारगर साबित हो सकता था, लेकिन तभी अलीबाबा की एक कर्मचारी इससे पीड़ित हो गई। यह खबर जब जैक मा को पता चली तो उन्होंने कहा था, "मैं अपनी पीड़ित सहकर्मी के शीघ्र स्वस्थ होने की कामना करता हूँ। कंपनी का मुखिया होने के नाते जो कुछ भी हुआ, मैं उसकी जिम्मेदारी लेता हूँ। आज हम जिन हालातों से गुजर रहे हैं। वहाँ एक-दूसरे को दोषी ठहराने से अधिक जरूरी है, एकजुटता के साथ उसका मुकाबला करें।

हमें मिलकर इस खतरे से निपटना होगा और आनेवाली चुनौतियों के लिए तैयार रहना होगा।" 6 मई दोपहर 4 बजे जैक मा ने अपने चेहरे पर मास्क लगाया और कर्मचारियों को संबोधित किया। देखते-ही-देखते हर कर्मचारी के चेहरे पर मास्क आ गया था और कर्मचारियों ने अपने घर में कंप्यूटर की व्यवस्था कर, घर से ही काम करना शुरू किया। बहुत सी कंपनियाँ, जो इस महामारी का सामना नहीं कर सकीं, उन्हें बहुत भारी नुकसान झेलना पड़ा, लेकिन अलीबाबा ने अपने काम करने का तरीका बदलकर न केवल अपने उपभोक्ताओं को बचाए रखा, बल्कि इस अनुभव से गुजरकर उनका हौसला और भी परिपक्व हो गया था। उस समय अलीबाबा में 500 कर्मचारी थे। उन्होंने इंटरनेट का भरपूर इस्तेमाल किया। इसी बीच यदि किसी ग्राहक का फोन आता तो अकसर कर्मचारी किसी बूढ़ी आवाज में, 'हैलो, यह अलीबाबा है' कहते। यह एक ऐसी तरकीब थी, जिससे लोगों के मन में उनके प्रति और ज्यादा विश्वास और भावात्मक संबंध मजबूत हो सके कि अलीबाबा उनके लिए हमेशा तैयार है। भले ही यह सुनहरा अवसर था, लेकिन अलीबाबा के कर्मचारियों की कठिन मेहनत और सहयोग के कारण ही ऐसा संभव हुआ था। जैक मा ने कहा, "सारस जैसे सामूहिक खतरे का सामना करते हुए भी हम अपने उद्‌देश्य और जिम्मेदारियों को नहीं भूले। हर एक आपदा एक दिन गुजर जाती है और जीवन हमेशा आगे भी जारी रहता है। किसी भी आपदा से लड़ते हुए भी हम अपनी जिम्मेदारियों के एहसास को कैसे भूल सकते हैं? पिछले दिनों के घटनाक्रम ने मुझे गहरे

"सारस जैसे सामूहिक खतरे का सामना करते हुए भी हम अपने उद्‌देश्य और जिम्मेदारियों को नहीं भूले। हर एक आपदा एक दिन गुजर जाती है और जीवन हमेशा आगे भी जारी रहता है। किसी भी आपदा से लड़ते हुए भी हम अपनी जिम्मेदारियों के एहसास को कैसे भूल सकते हैं? पिछले दिनों के घटनाक्रम ने मुझे गहरे रूप से प्रभावित किया है।

रूप से प्रभावित किया है। आपने चुनौतियों से भरे दिनों में उम्मीद और धीरज को बनाए रखा और हमने लगातार एक-दूसरे का सहयोग किया।" इसका यह परिणाम हुआ कि इ-कॉमर्स की सुविधाएँ उस समय लोगों तक पहुँची, जब लोग डरे हुए और घर से निकलने में असमर्थ थे। उस समय व्यापार के नए तरीकों को आजमाया गया और इस तरीके के कारोबार ने एक स्थायी रूप ले लिया, क्योंकि एक बार आजमाए जाने के बाद लोगों ने तेजी के साथ उसे अपनाया और यहीं से अलीबाबा की तरक्की के सारे रास्ते खुल; उसे पीछे देखने की जरूरत नहीं हुई।

□

6

याहू चाइना

एक समय याहू अरबों की कंपनी थी। अब याहू को केवल उसके नाम से जाना जाता है। वेराइजन, जो अमरीकी कंपनी है, 'याहू' को 4.8 अरब डॉलर में खरीद चुकी है। 'yahoo.com' की स्थापना 1994 में जेरी यंग और डेविड फिलो ने की थी। उस समय वह विसंगतियों का भंडार थी, अगर आपको कोई ब्राउज खोलना होता तो उसके तरीके बहुत कम तर्कसंगत थे। 1996 में याहू अस्तित्व में आ गई थी। 1997 में कंपनी इंटरनेट की दुनिया में दूसरे नंबर पर थी। 1998 में लैरी पेज और उनके दोस्त ने मिलकर एक पेज रैंक नाम का सर्च इंजन एल्गोरिथ्म बनाया, जिसके इस्तेमाल से आप इंटरनेट पर अपनी खोज से संबंधित कुछ मिलता-जुलता खोज सकते थे। वे दोनों याहू को एल्गोरिथ्म बेचने के लिए दस लाख डॉलर माँग रहे थे, लेकिन याहू ने मना कर दिया, क्योंकि उसे लगा कि यह उपभोक्ताओं को उनकी वेबसाइट से दूर ले जाएगा। जिससे ट्रैफिक और एड रेवेन्यू कम हो जाएगा, लेकिन किसी को यह नहीं पता था कि वह पेज आगे चलकर गूगल बनेगा। 1999 में इंटरनेट को एक जादू की तरह माना जाता था। यह एक क्रांति थी। जिसके चलते पूरी दुनिया बदलने की कगार पर थी, लेकिन इसका घाटा यह भी था कि हर बड़ी कंपनी डॉट कॉम में निवेश करना चाहती थी। जिससे अधिकतर कंपनियों ने जल्दबाजी में घाटा उठाया। इसके चलते 2000 में 'याहू' और 'गूगल' जैसी बड़ी कंपनियाँ बच तो गईं, लेकिन याहू को काफी नुकसान का सामना करना पड़ा। याहू के शेयर गिरकर $4. 50 सेंट के रह गए, फिर भी

2000 में याहू सबसे बड़ी वेबसाइट थी, लेकिन सर्च के मामले में वह गूगल से बहुत पीछे थी। जेरी यंग जैक मा से छोटे थे, लेकिन जैक मा और यंग की एक खासियत थी कि दोनों की आँखों में एक जैसा विश्वास था। जैक बहुत पहले से यंग को जानते थे।

जैक ने अलीबाबा के लिए 102 साल का लक्ष्य जरूर रख दिया था, लेकिन भूमंडलीकरण तक पहुँचने के लिए उसे अभी बहुत मेहनत करनी थी। इसके दो रास्ते थे। पहला, दूसरी कंपनियों का अस्थायी अधिग्रहण, लेकिन उसके लिए जैक को व्यापारिक समझौते करने पड़ते। यंग के एक इ-मेल पर 2005 में जैक मा उससे मिलने गए। जैक जानते थे कि उन्हें आगे बढ़ने के लिए एक खुद के सर्च इंजन की बहुत जरूरत है, क्योंकि वेबसाइट के पास अगर सर्च इंजन नहीं होगा तो वेबसाइट को खोजना बहुत मुश्किल हो जाएगा। जैक ने यह बात जेरी के सामने रखी, जैक चाहते थे कि b2b, b2c और c2c को एक ही प्लेटफॉर्म पर लाया जाए, लेकिन यह बिना किसी सर्च इंजन के संभव नहीं था। यंग ने उनकी बात को बहुत ध्यान से सुना। यंग जानते थे कि याहू का सर्च इंजन विश्वस्तरीय है। यंग ने अपनी तरफ से कोई बात नहीं की, लेकिन जैक ने मौका मिलते ही साझेदारी की बात कह दी, लेकिन यंग ने कोई आश्वासन नहीं दिया और प्रस्ताव पर विचार करने के लिए कहा।

जैक ने अलीबाबा के लिए 102 साल का लक्ष्य जरूर रख दिया था, लेकिन भूमंडलीकरण तक पहुँचने के लिए उसे अभी बहुत मेहनत करनी थी। इसके दो रास्ते थे। पहला, दूसरी कंपनियों का अस्थायी अधिग्रहण, लेकिन उसके लिए जैक को व्यापारिक समझौते करने पड़ते।

यंग दूर की सोचनेवाले एक दूरदर्शी व्यक्ति थे। याहू चाइना चीन में कुछ अच्छा नहीं कर पा रही थी, जिससे याहू की अंतरराष्ट्रीय छवि पर बुरा असर हो रहा था। चीन की सबसे प्रसिद्ध वेबसाइट होने के बावजूद भी याहू घाटे में जा रही थी। याहू चाइना एक विश्वस्तरीय वेबसाइट थी और इसके

काम करने के तरीके विश्वस्तरीय थे। दूसरी ओर जैक मा की अलीबाबा का निर्माण देश की हर छोटी-बड़ी जरूरत को ध्यान में रखकर किया गया था। जैक को पता था कि चीनी व्यक्तियों का विश्वास जीतना किसी विश्वस्तरीय कंपनी के लिए बहुत मुश्किल था। वह भी तब जब अलीबाबा जैसी स्वदेशी वेबसाइट उपलब्ध थीं। हर प्रकार की मीडिया पर सरकार का पूरी तरह से नियंत्रण था। जब याहू ने अपना ऑफिस हाँगकाँग में खोला तो उनसे अभिवेचन के बारे में पूछा गया, तब जेरी यंग ने कहा था कि वह कानून के अंतर्गत अपना काम करेंगे और जितना हो सकेगा, उसी के अंदर स्वतंत्र रहने की कोशिश करेंगे। याहू चाइना ने कुछ कंपनियों के साथ साझेदारी करने के बाद अपने न्यूज पोर्टल स्थापित किए थे और उसके बाद चैट बॉक्स और सबसे अंत में याहू इ-मेल। जेरी यंग को लगा था कि याहू के चाइना में प्रवेश करते ही, दूसरी विदेशी कंपनियों के लिए चीन के दरवाजे बंद हो जाएँगे, पर ऐसा नहीं हुआ। जल्द ही यह असफल हुआ और चीनी उपभोक्ताओं को यह लगने लगा कि याहू चाइना को चीन में हार का सामना करना पड़ रहा है। याहू खुद को बचाने के लिए दो कंपनियाँ भी खरीद चुका था, लेकिन यह घाटे का सौदा था। अंत में जैरी यंग की मुलाकात जैक से हुई। जैक साझेदारी के लिए इच्छुक थे। याहू ने एक अरब में अलीबाबा के 40 प्रतिशत शेयर खरीदे। आज भी याहू की कमाई का बहुत बड़ा हिस्सा वहीं से आता है और इसके बदले याहू ने 'याहू चाइना' की चाबी जैक मा को थमा दी।

> ***जब याहू ने अपना ऑफिस हाँगकाँग में खोला तो उनसे अभिवेचन के बारे में पूछा गया, तब जेरी यंग ने कहा था कि वह कानून के अंतर्गत अपना काम करेंगे और जितना हो सकेगा, उसी के अंदर स्वतंत्र रहने की कोशिश करेंगे।***

इस तरह 11 अगस्त को अधिग्रहण की आधिकारिक घोषणा के साथ जैक याहू चाइना के मालिक बन गए। उन्होंने अपने कर्मचारियों को संबोधित करते हुए कहा था, "मैंने एक सर्च इंजन हासिल करने में सफलता पाई है। जो

भविष्य का एक बड़ा ब्रांड और अंतरराष्ट्रीय मंच साबित होगा।" लेकिन यहाँ संघर्ष का अंत नहीं था, यहाँ से संघर्ष की नई शुरुआत हुई थी।

जैक ने याहू चाइना को खरीद तो लिया था, लेकिन जैक मा को उसके बारे में कोई जानकारी नहीं थी। यह जैक के लिए एक चुनौती भरा निर्णय था, क्योंकि अभी तक जैक मा और जेरी यंग दोनों ने याहू चाइना के ऊपर कभी कोई बात नहीं की थी। याहू चाइना के कर्मचारियों और अधिकारियों को भी यह बात आधिकारिक घोषणा के बाद ही पता चली। जैक मा ने कहा था, "मैं एक आम आदमी से अधिक याहू के बारे में कुछ नहीं जानता और इस नई जिम्मेदारी के बारे में भी कुछ नहीं कह सकता, लेकिन मैं यह आश्वासन दे सकता हूँ कि किसी बहुराष्ट्रीय कंपनी के अधीन होने के बाद 400 से भी अधिक कर्मचारियों की इस कंपनी को किसी तरह का नुकसान नहीं होगा।"

"मैं एक आम आदमी से अधिक याहू के बारे में कुछ नहीं जानता और इस नई जिम्मेदारी के बारे में भी कुछ नहीं कह सकता, लेकिन मैं यह आश्वासन दे सकता हूँ कि किसी बहुराष्ट्रीय कंपनी के अधीन होने के बाद 400 से भी अधिक कर्मचारियों की इस कंपनी को किसी तरह का नुकसान नहीं होगा।"

13 अगस्त को जैक मा ने याहू चाइना के बीजिंग दफ्तर में प्रवेश किया और वहाँ उन्हें यह अहसास हुआ कि याहू चाइना पूरी तरह से एक चीनी कंपनी थी, इसलिए इसका काम करने का तरीका दूसरी कंपनियों के मुकाबले मुश्किल था। जैक चाहते थे कि कंपनी पूरी तरह से अलीबाबा के तौर-तरीकों को अपना ले, लेकिन एकदम से ऐसा कर पाना संभव नहीं था, क्योंकि दोनों कंपनियाँ चीन के उत्तरी और दक्षिणी क्षेत्र में कार्य कर रही थीं, इसीलिए अलीबाबा और याहू चाइना के तौर-तरीकों में बहुत अंतर था। बहुत कोशिशों के बाद भी जैक मा उसमें सफल नहीं हो पा रहे थे, हालाँकि उन्होंने कुछ योजनाएँ बनाई थीं, जैसे 'जन भावनाओं का खयाल रखिए'। अधिकतर व्यापारी अधिग्रहण आरंभ होने से

ही लाभ कमाना शुरू करना चाहते हैं, लेकिन हमें आरंभिक असफलताओं के लिए तैयार रहना होगा। उनकी दूसरी योजना थी 'शक्ति को निष्क्रिय करना', जो कंपनियाँ अधिग्रहण के बाद जल्दी-से-जल्दी मुनाफा कमाने की कोशिश करने लगती हैं, हो सकता है, शुरुआत में कुछ सफलता प्राप्त हो, लेकिन अंत असफलता से होता है। वे चाहते थे, उत्पादन बढ़ाने से पहले कंपनी अपनी कमियों पर काम करे। तीसरा था 'जोश और बदलाव का स्वागत।' जैक मा का याहू चाइना में उत्साहपूर्वक स्वागत नहीं किया गया था। याहू चाइना सोचता था कि आदमी को दिल से नहीं, बल्कि दिमाग से काम लेना चाहिए, लेकिन अलीबाबा भावनात्मक रूप से जोशीले अंदाज में काम करता था। यह वाकई में एक बहुत बड़ा जोखिम था। वे इस समस्या से जूझ रहे थे कि क्या उनका फैसला सही है ? क्या मैं मुखिया होने के नाते कंपनी के लिए कुछ कर पाऊँगा, क्योंकि याहू चाइना खुद में बदलाव करने के लिए तैयार नहीं था, इसलिए जैक ने यह निर्णय लिया कि दोनों इलाकों के लोगों को मूल्य और संस्कृति के साथ अलग छोड़ देना चाहिए, क्योंकि दोनों उत्तरी और दक्षिणी क्षेत्रों में अंतर है तो विचार पद्धति में भी अंतर निश्चित होगा, इसलिए उन्होंने अपनी शक्तियाँ अधीनस्थों को सौंप दीं। जैक मा ने याहू चाइना के अधिकारियों से कहा कि सबसे पहले याहू तकनीकी तौर पर खुद को दुरुस्त करे। एक संगठन के रूप में पुनर्गठित करे और एक संगठन के रूप में खुद को विकसित करे। दूसरा, कंपनी ढाँचागत रूप से सुरक्षित और शक्तिशाली हो। याहू अपने वेबसाइट ट्रैफिक में वृद्धि करे। जैक चाहते थे कि याहू चाइना में बुनियादी बदलाव हों, जिससे वह भारी

जैक मा ने याहू चाइना के अधिकारियों से कहा कि सबसे पहले याहू तकनीकी तौर पर खुद को दुरुस्त करे। एक संगठन के रूप में पुनर्गठित करे और एक संगठन के रूप में खुद को विकसित करे। दूसरा, कंपनी ढाँचागत रूप से सुरक्षित और शक्तिशाली हो। याहू अपने वेबसाइट ट्रैफिक में वृद्धि करे।

जोखिम उठाने के बजाय कम जोखिम उठानेवाली कंपनी बने और उसकी प्राथमिकता पैसा न हो।

दूसरी ओर याहू चाइना के खरीदे जाने के बाद बिदु जैक के सामने बड़ा लक्ष्य था। बिदु के पास ईबे की तुलना में स्थानीय बाजार की अच्छी समझ थी। 'बिंदु' के संस्थापक रॉबिन ली ने '90 के दशक में अमेरिका में काम किया था। उसी के चलते बिदु चीन में बस गूगल का अनुसरण कर रहा था। उसकी वेबसाइट हू-ब-हू गूगल की नकल थी और वह उसी के समान काम करती थी। यहाँ तक कि गूगल अपनी वेबसाइट में छोटे बदलाव करता तो वह भी 'बिंदु' में देखने को मिलते और इसमें रॉबिन को सफलता भी मिली। बाजार में बिदु की 37 प्रतिशत हिस्सेदारी थी। 32 प्रतिशत बाजार याहू चाइना और 19 प्रतिशत बाजार पर गूगल का अधिकार था। जैक मा बहुत कम समय में बिदु को हरा सकते थे। चाइना में b2b के तहत तोबाओ, ईबे से बेहतर काम कर रहा था। जैक मा ने यह घोषणा की थी कि छह महीने में याहू चाइना सर्च इंजन चीनी बाजार का शीर्ष इंजन होना चाहिए, वरना यह हमारे लिए घाटे का सौदा साबित होगा। जब याहू चाइना की आधिकारिक तौर पर घोषणा की गई तो उस समय जैक मा और कुछ बड़े प्रबंधक मंच पर मौजूद थे। बटन को दबाते ही एक सफेद पेज दिखाई दिया, जो पहले के याहू चाइना पेज से बिल्कुल अलग था।

दूसरी ओर याहू चाइना के खरीदे जाने के बाद बिदु जैक के सामने बड़ा लक्ष्य था। बिदु के पास ईबे की तुलना में स्थानीय बाजार की अच्छी समझ थी। 'बिंदु' के संस्थापक रॉबिन ली ने '90 के दशक में अमेरिका में काम किया था। उसी के चलते बिदु चीन में बस गूगल का अनुसरण कर रहा था।

पहले याहू चाइना का सर्च इंजन चालू करते ही उसके साथ न्यूज, डायरेक्टरी और कई सारे लिंक खुलते थे, लेकिन उसके विपरीत अब याहू चाइना सिर्फ एक सफेद पेज था, जिसके बीचोबीच याहू चाइना का प्रतीक

चिह्न बना हुआ था, अब यह किसी दैनिक समाचार-पत्र की तरह नहीं, बल्कि एक पूर्ण रूप से सर्च इंजन था। इसकी शुरुआत बहुत जोर-शोर से की गई थी। ऐसा माना जा रहा था, यह बिदु और गूगल को पूरी टक्कर देगा। याहू चाइना के विस्तार के लिए टेलीविजन विज्ञापनों की होड़ लग गई थी। विज्ञापनों पर लाखों डॉलर खर्च किए जा रहे थे, जबकि एक समय था, जब अलीबाबा बिना विज्ञापनों के सिर्फ उपभोक्ताओं के अनुभव और भरोसे पर निर्भर था।

याहू का स्वरूप बदल जाने से उसके उपभोक्ता प्रभावित हुए और वे उसके प्रयोग को लेकर उलझन में आ गए। याहू चाइना लगातार नीचे की ओर जा रहा था। यह याहू के लिए चिंता का विषय था। जैक ने सोचा कि याहू चाइना को उसके मौलिक रूप में रखना ही बेहतर होगा।

जैक मा ने याहू चाइना को एक अलग रूप दे दिया था। याहू का स्वरूप बदल जाने से उसके उपभोक्ता प्रभावित हुए और वे उसके प्रयोग को लेकर उलझन में आ गए। याहू चाइना लगातार नीचे की ओर जा रहा था। यह याहू के लिए चिंता का विषय था। जैक ने सोचा कि याहू चाइना को उसके मौलिक रूप में रखना ही बेहतर होगा। इस कारण से उसे पहले की तरह ही कर दिया गया, लेकिन यह भी सफल नहीं हुआ, क्योंकि जो ग्राहक याहू चाइना को छोड़ चुके थे, उन्होंने दोबारा उसकी तरफ रुख नहीं किया और वेबसाइट के ट्रैफिक में दोबारा कोई उछाल नहीं आया। जैक की रणनीति विफल हो रही थी। यह सीधे-सीधे कहा जा सकता था कि जैक एक सर्च इंजन चलाने में नाकामी का सामना कर रहे थे। गूगल की सफलता और उसके बेहतर प्रदर्शन का कारण था कि उसका पूरा ध्यान सिर्फ अपने सर्च इंजन पर केंद्रित था और उसका प्रारूप बहुत साधारण था।

जैक पर प्रबंधन टीम का दबाव बढ़ रहा था। लोग सिफारिश कर रहे थे कि उन्हें गूगल से सीखना चाहिए। यहाँ तक कि कुछ लोगों ने तो उन्हें उनकी किताब लाकर दी कि आप पढ़िए कि क्यों गूगल इतना कामयाब है? लेकिन

जैक हार मानने वालों में से नहीं थे। उन्होंने कहा कि किसी ने मुझे ईबे की पुस्तक भी लाकर दी थी। किसी की नकल करना आपके व्यापार का कल सुनिश्चित नहीं करता, लेकिन जैक विपणन से संबंधित व्यक्ति थे। जो यह तो जानते थे कि लोगों को इकट्ठा कैसे किया जाए, क्योंकि वह अब तक एक ऑनलाइन व्यापार चलाते आए थे, लेकिन सर्च इंजन चलाना ऑनलाइन व्यापार से बिल्कुल अलग था। वहाँ उन्हें लोगों को इसलिए आकर्षित नहीं करना था कि वे चैट करें या दोस्त बनाएँ। सर्च इंजन पर लोग हमेशा रुकने के लिए और बने रहने के लिए नहीं आते, ग्राहक वहाँ सिर्फ अपनी वेबसाइट को खोजने के लिए आता है। यह समझना जैक के लिए अभी बाकी था।

वर्ष 2006 तक आते-आते याहू चाइना के अंदर तनाव की स्थिति पैदा हो गई थी। बहुत से लोग याहू चाइना को छोड़कर जा चुके थे। बहुत कम लोग थे, जिन्हें जैक के दृष्टिकोण पर विश्वास था कि याहू चाइना सफल होगा, लेकिन समस्या यह थी कि जैक अपने रास्ते पर ही चलना चाहते थे।

वर्ष 2006 तक आते-आते याहू चाइना के अंदर तनाव की स्थिति पैदा हो गई थी। बहुत से लोग याहू चाइना को छोड़कर जा चुके थे। बहुत कम लोग थे, जिन्हें जैक के दृष्टिकोण पर विश्वास था कि याहू चाइना सफल होगा, लेकिन समस्या यह थी कि जैक अपने रास्ते पर ही चलना चाहते थे। याहू चाइना के प्रौद्योगिक प्रबंधक जब अपनी योजनाएँ जैक के साथ बाँटते थे कि उन्हें कैसी रणनीति अपनानी चाहिए, तब उनकी सभी योजनाएँ एल्गोरिथ्म से संबंधित होती, लेकिन जैक मा प्रौद्योगिकी वितरण में अपनी रुचि नहीं दिखाते। वे हमेशा कहते कि उपभोक्ता दो सर्च इंजनों में भेद नहीं बता सकते। हमें ग्राहकों के नजरिए से सोचना होगा। सबसे ज्यादा जरूरी हमारी विपणन नीति है। यह एक मतभेद था, जो याहू चाइना के उच्च कर्मचारियों और जैक के बीच धीरे-धीरे पनप रहा था। कोई कर्मचारी जैक की किसी बात पर कोई टिप्पणी नहीं करता था, लेकिन सबके दिमाग में चल रहा था कि इस

तरह याहू चाइना कभी सफल नहीं हो पाएगा। यह रणनीति याहू चाइना के प्रदर्शन पर भारी पड़ रही थी। तभी झोउ होंगयी ने अपना 'Qihoo.com 360' एंटीवायरस टूल बार बनाया। याहू चाइना के बहुत से कर्मचारी झोउ से जाकर जुड़ रहे थे। कुछ नियोजकों ने अलीबाबा को यह सूचना दी कि झोउ उनके कर्मचारियों को तोड़ने का काम कर रहा है। जैक को लगा, यह कंपनी के मनोबल को गिरा देगा और जैक ने सूत्रों से मिली इस सूचना को बिना किसी ठोस प्रमाण के सार्वजनिक कर दिया। उसका परिणाम यह हुआ, झोउ होंगयी ने अलीबाबा पर मानहानि का मुकदमा दायर कर दिया। इसी बीच Qihoo.com को चीनी इंटरनेट उपभोक्ताओं ने तेजी के साथ डाउनलोड करना शुरू कर दिया था, लेकिन यह टूल बार याहू चाइना के साथ सक्रिय नहीं होता था। जिसके कारण याहू चाइना की वेबसाइट पर लगातार ट्रैफिक कम होने लगा।

झोउ ने जल्द ही अलीबाबा के खिलाफ मीडिया में बोलना शुरू किया। जैक मा ने इस पर प्रतिक्रिया दी और दोनों कंपनियों के बीच एक लड़ाई आरंभ हो गई थी। जैक के व्यक्तिगत रूप से इसमें शामिल होने के कारण इसने बड़ा रूप ले लिया। 2006 का समय अब बिदु से लड़ने का नहीं, किहू से लड़ने का था।

झोउ ने जल्द ही अलीबाबा के खिलाफ मीडिया में बोलना शुरू किया। जैक मा ने इस पर प्रतिक्रिया दी और दोनों कंपनियों के बीच एक लड़ाई आरंभ हो गई थी। जैक के व्यक्तिगत रूप से इसमें शामिल होने के कारण इसने बड़ा रूप ले लिया। 2006 का समय अब बिदु से लड़ने का नहीं, किहू से लड़ने का था। झोउ को इसका फायदा हुआ, उसके ग्राहकों में तेजी से वृद्धि होने लगी थी, लेकिन जैक वही गलती कर रहे थे, जो ईबे के दिनों में वाइटमैन ने की थी। वे होगयीं के खिलाफ काररवाई कर रहे थे। जैक याहू चाइना पर ध्यान देने की बजाय झोउ होंगयी के साथ उलझे थे। झोउ द्वारा किए हुए मानहानि के मुकदमे में जैक की जीत हुई थी और झोउ ने उन्हें जुरमाने के तौर पर $4000 का भुगतान भी किया था।

यह जैक के लिए गर्व की बात थी, लेकिन यह पहली बार था, जब अलीबाबा के प्रबंधक यह पूछने पर मजबूर हो गए, "क्या जैक अपनी रणनीतियों को भूल गए हैं?"

और फिर एक बार बाजी पलट गई। बदलाव होना अभी बाकी था। जैक मा की सोच और मेहनत रंग लाई और छह महीने के अंदर कंपनी के अंदर बदलाव का रंग दिखने लगा था। चाहे वह दीवारों का रंग हो या तसवीरों की बात। बाथरूम में पौधे लगाए गए हों या दीवारों पर मजाकिया पोस्टर चिपका दिए गए हों। छह महीने बाद जो अधिवेशन हुआ, उसमें प्रतिपुष्टि देते हुए कर्मचारियों ने किसी भी पूर्व निर्धारित औपचारिकता का अनुसरण नहीं किया। सभी टीम अपनी विशिष्ट पोशाक पहने हुए थीं। यह 'या' और 'बा' का विलय था। जिस पर खड़े होकर जैक मा अलीबाबा और खुद को विश्वविजयी होते हुए देख सकते थे और धीरे-धीरे उन्हें बी-टू-बी, बी-टू-सी, सी-टू-सी को एक साथ लाने का सपना पूरा होता हुआ दिख रहा था।

"उसने एक-दूसरे से बिल्कुल भिन्न, लेकिन अपने-अपने मूल्यों में बिल्कुल ईमानदार लाखों लोगों को एक साथ लाने का महत्त्वपूर्ण कार्य किया। इस क्रम में 200 देशों और स्थानों के बीच एक पुल की भूमिका निभाई। सिर्फ आपके नाम दर्ज करने के बाद वह आपके सामने आपकी पसंद को पूरा कर देते हैं।"

सन् 2004 में चाइना सेंट्रल टेलीविजन ने जैक मा को आर्थिक जगत् के दस शीर्ष व्यक्तियों में शामिल किया। उन्हें ए.आर. के सी.ई.ओ. के हाथों सम्मानित किया गया। उन्होंने जैक मा के लिए बोला था—"उसने एक-दूसरे से बिल्कुल भिन्न, लेकिन अपने-अपने मूल्यों में बिल्कुल ईमानदार लाखों लोगों को एक साथ लाने का महत्त्वपूर्ण कार्य किया। इस क्रम में 200 देशों और स्थानों के बीच एक पुल की भूमिका निभाई। सिर्फ आपके नाम दर्ज करने के बाद वह आपके सामने आपकी पसंद को पूरा कर देते हैं।"

इसके उत्तर में जैक मा ने कहा था, "मैं सी.सी.टी.वी. निर्णायकों, अपने उपभोक्ताओं और अपने सहकर्मियों के प्रति अपना आभार प्रकट करता हूँ। मैं उन सबके प्रति शुक्रगुजार हूँ, जिन्होंने मेरे सपने को सच करने में अहम भूमिका निभाई है। आज से पाँच साल पहले यही समय होगा, जब मैं और मेरे साथी चीन की महान् दीवार पर खड़े होकर पूरी दुनिया की सबसे बड़ी कंपनी बनाना चाहते थे। हमने यह लक्ष्य निर्धारित किया था कि एक दिन होगा, जब दुनिया के कोने-कोने में रहनेवाले व्यापारी हमारी वेबसाइट का इस्तेमाल करेंगे। उस वक्त ऐसे लोगों की कमी नहीं थी, जो मुझे पागल समझते थे, लेकिन मैंने अपने निर्णय पर लोगों की बातों का कोई असर नहीं पड़ने दिया। इंटरनेट के सबसे ज्यादा संकट के समय में हमारी कंपनी ने सारी चुनौतियों को स्वीकार करते हुए खुद को बनाए रखा।" 2005 में 'फोर्ब्स' ने जैक मा को एशिया का सबसे प्रभावशाली उद्यमी घोषित किया था।

जब जैक एक प्रभावशाली व्यक्तित्व बनकर विश्व मंच पर प्रस्तुत हुए तो उनके जीवन और जीवन से संबंधित घटनाओं को जोड़ते हुए विशेषज्ञों ने उनके बचपन को खँगालना शुरू किया तो पाया कि वह बचपन से ही एक विरोधी प्रकृति के थे। जब उनकी और उनके पिता की कहासुनी होती तो वह अपने पिता की बात का विरोध टूटी-फूटी अंग्रेजी बोलकर करते थे।

जब जैक एक प्रभावशाली व्यक्तित्व बनकर विश्व मंच पर प्रस्तुत हुए तो उनके जीवन और जीवन से संबंधित घटनाओं को जोड़ते हुए विशेषज्ञों ने उनके बचपन को खँगालना शुरू किया तो पाया कि वह बचपन से ही एक विरोधी प्रकृति के थे। जब उनकी और उनके पिता की कहासुनी होती तो वह अपने पिता की बात का विरोध टूटी-फूटी अंग्रेजी बोलकर करते थे। जिससे उनके पिता का गुस्सा उनकी प्रतिभा के सामने फीका पड़ जाता और वह अपने बेटे की सीखने की जिज्ञासा को देखकर खुश हो जाते। कभी तो ऐसा हुआ कि विदेशी पर्यटकों

के प्रति उनके कौतूहल को शांत करने के लिए, वह जैक को लेकर खुद वेस्ट लेक जाते थे। उनकी खुद की अंग्रेजी अच्छी नहीं थी। इसके बाद भी उन्होंने अपने बेटे को अंग्रेजी सीखने के लिए प्रोत्साहित किया और हमेशा चाहा कि उनकी प्रतिभा खूब निखरकर सामने आए। युवा होता जैक मा किसी के भी आकर्षण का केंद्र नहीं था, लेकिन जब अलीबाबा एक विश्व स्तरीय ब्रांड बना तो लोगों ने साइकिल पर कुछ सीखने की ललक में मीलों चलते हुए उस लड़के की लगन को देखा। निश्चित रूप से उनके आसपास सैकड़ों जेट खड़े हुए थे; हजारों गाड़ियाँ खड़ी हुई थीं, लेकिन उनकी सोच के पीछे वही साइकिल चलानेवाला लड़का था। जिसने हर उस चीज को सीखने की कोशिश की, जो असंभव थी। उसने वह सबकुछ करके दिखाया, जो संभव नहीं था। आज एमेजॉन और ईबे की बिक्री को मिला दें तो भी अलीबाबा इन पर भारी पड़ता है और इसका श्रेय जैक मा को जाता है। आज यह इंटरनेट कंपनी जबरदस्त फायदे में है और दुनिया के इ-कॉमर्स बाजार की अगुआ है। आज दुनिया का सबसे बड़ा ऑनलाइन बाजार चीन में है, जहाँ 7 करोड़ इंटरनेट उपभोक्ता हैं।

आज जैक मा को जाने कितने सेमीनारों में कहते हुए सुना जा सकता है, जिसके नाम न जाने कितने खिताब हैं, लेकिन वे हमेशा यह याद रखते हैं कि उन्हें कभी पागल आदमी कहकर बुलाया जाता था और वे कहने से कभी नहीं चूकते कि मैं एक आम आदमी हूँ। मैं किसी काम का नहीं हूँ।

आज जैक मा को जाने कितने सेमीनारों में कहते हुए सुना जा सकता है, जिसके नाम न जाने कितने खिताब हैं, लेकिन वे हमेशा यह याद रखते हैं कि उन्हें कभी पागल आदमी कहकर बुलाया जाता था और वे कहने से कभी नहीं चूकते कि मैं एक आम आदमी हूँ। मैं किसी काम का नहीं हूँ। बहुत प्रतिकूलता में जनमा हूँ। बस परिस्थितियाँ ऐसी थी, जो मेरे अनुकूल थीं। जिसकी वजह से मैं कुछ कर पाया। मैं आप सभी से यह कहना चाहता हूँ, यदि

आप कड़ी मेहनत करेंगे तो मुझसे भी ज्यादा सफल हो सकते हैं। अलीबाबा की सफलता का कोई गहरा राज नहीं है, जिसे लोगों के सामने खोला जाए, बल्कि यह हमारी कोशिश और दृढ़ विश्वास के कारण संभव हो सका है। जब पूरी दुनिया विश्वास खो चुकी थी तो हमें विश्वास था कि हम अच्छा करके दिखाएँगे। मैं अपने सहकर्मियों का कर्जदार हूँ, जिन्होंने मुझ पर भरोसा जताया। पिछले दशक में हमने अलीबाबा को खड़ा करने में जिन विचारों और श्रम का निवेश किया है, यदि आज उसका 99 प्रतिशत छीन भी लिया जाए तो हमारी उपयोगिता में कोई विशेष कमी नहीं आएगी।

□

7

बदलाव एक जरूरी नियम है

अमेरिका में केवल 20 कंपनियाँ इतनी बड़ी थीं, जो थोक बाजार के कारोबार में शीर्ष के पायदान पर थीं। जिनमें 555 थोक विक्रेता थे और 20,900 ऐसे रिटेलर्स थे, जो अपने व्यापार के लिए अलीबाबा पर निर्भर करते थे। कंपनी पर एक बार फिर से मुसीबत के बादल मँडरा रहे थे। alibaba.com हमेशा से विदेशी व्यापार पर निर्भर रही थी, लेकिन यू.एस. की अर्थव्यवस्था कमजोर पड़ती जा रही थी। जिसका सीधा असर अलीबाबा पर हो रहा था। चीनी निर्यात कम हो रहा था। निर्यातक खुद को बचाए रखने के लिए संघर्ष कर रहे थे और इसी के चलते उन्होंने alibaba.com पर विज्ञापन देना बंद कर दिया। अलीबाबा के शेयर गिर रहे थे और एक साल के अंदर अलीबाबा के शेयर्स में 90 प्रतिशत की गिरावट आई। पहले उसका प्रति शेयर मूल्य HK 40 डॉलर था। वह घटकर HK 4 डॉलर रह गया। alibaba.com के सी.ई.ओ. डेविड बहुत परेशान थे। वो जैक से बात करना चाहते थे, लेकिन जैक मा ने उनसे कोई मुलाकात नहीं की। न ही कभी उनकी फोन पर बात हुई। जैक घबरानेवालों में से नहीं थे। उन्होंने अपने धीरज को बनाए रखा। जैक मा ने कभी अपने मुनाफे और हानि के बारे में कोई टिप्पणी नहीं की, बल्कि शांत होकर स्थिति का सामना किया। उनके लक्ष्य बड़े थे तो उसके साथ-साथ उन पर यह दबाव भी था कि वह बाजार में हमेशा 'अलीबाबा है' बनी रहे, बजाय 'अलीबाबा थी' के। जैक ने ऐसी परेशानियों को मौके के रूप में प्रयोग किया। यह मौका था अपने ग्राहकों का विश्वास जीतने का। शेयर बाजार

बहुत अस्थिरता लिये हुए था। अलीबाबा के शेयर लगातार गिर रहे थे, लेकिन अलीबाबा ने उसका अपने ग्राहकों पर कोई प्रभाव नहीं पड़ने दिया। उन्हें लगा, यह ग्राहकों का विश्वास जीतने का सबसे अच्छा समय है और उसी समय उन्होंने अपने सदस्यता शुल्क को कम कर दिया। जिससे चारों तरफ अफरा-तफरी मच गई। सब जैक मा की मूर्खता पर हँस रहे थे, गिरते हुए शेयर्स के बीच वह कंपनी को कैसे स्थापित कर पाएँगे? लेकिन उनकी सूझ-बूझ की दोबारा जीत हुई। ग्राहकों की तादाद में तेजी से वृद्धि हुई और उसने कंपनी के रेवेन्यू को गिरने नहीं दिया। अलीबाबा ने आर्थिक तंगी के बावजूद भी अपनी सेवाओं के लिए अधिक भुगतान नहीं लिया, जिसका परिणाम यह हुआ कि ग्राहकों की नजर में अलीबाबा की साख और मजबूत हुई।

बुरे समय से हम एक साथ गुजरते हैं। अच्छा समय सबके लिए अच्छी खबर लेकर आता है और बुरा वक्त किसी के लिए भी अच्छा नहीं हो सकता, इसलिए बुरे वक्त में घबराने से बेहतर होता है कि आप अच्छे परिणाम दें, क्योंकि बुरा होने में व्यक्तिगत संबंध जिम्मेदार नहीं होते।

बुरे समय से हम एक साथ गुजरते हैं। अच्छा समय सबके लिए अच्छी खबर लेकर आता है और बुरा वक्त किसी के लिए भी अच्छा नहीं हो सकता, इसलिए बुरे वक्त में घबराने से बेहतर होता है कि आप अच्छे परिणाम दें, क्योंकि बुरा होने में व्यक्तिगत संबंध जिम्मेदार नहीं होते। कई बार आर्थिक स्थिति बहुत अच्छी होती है, लेकिन फिर भी हमारे परिणाम अच्छे नहीं होते, लेकिन बुरी परिस्थितियों में भी कुछ लोग बेहतर और बढ़िया कारोबार करते हैं। जैक कहते हैं कि मैं वित्तीय, प्रौद्योगिकी और प्रबंधन में बहुत अच्छा नहीं हूँ, इसलिए मेरी दिलचस्पी उन उद्यमों में अधिक है, जो नाकामी से गुजर रहे हैं। यदि आप किसी भी व्यवसाय की व्यापारिक विपत्तियों को देखेंगे तो पाएँगे, ज्यादातर उद्यमों को व्यापारिक चुनौतियों, आंतरिक कठिनाइयों, बाहरी प्रतियोगिताओं का सामना करना पड़ता है। इनके बिना कोई भी अपना

मुकाबला नहीं जीत सकता। जब शेयर बाजार अच्छा होता है तो हर कोई लाभ कमाता है, लेकिन आप सच्चे निवेशक तभी माने जाएँगे, जब आप शेयर बाजार के गिरने पर भी लाभ कमा सकें। मैं कभी-कभी सोचता हूँ कि जब शेयर बाजार उछाल पर है तो ऐसी स्थिति में कोई लाभ कमाए तो उसे एक अच्छा निवेशक कैसे कहा जा सकता है?

अच्छी खबर यह थी कि तोबाओ और टी मॉल और तेजी के साथ बढ़ रहे थे। अकेले तोबाओ ने ईबे को वैश्विक लेन-देन में पीछे छोड़ दिया था, लेकिन इतना ही काफी नहीं था। अलीबाबा को एक और झटका लगा कि उसके एक बिक्री दल ने एक आपराधिक धोखाधड़ी की थी। अलीबाबा के कुछ बिक्री प्रबंधकों ने कुछ गैर-मजबूत आपूर्तिकर्ताओं को मंजूरी दी थी, जो अलीबाबा की शर्तों को पूरा नहीं करते थे और कुछ आपूर्तिकर्ता alibaba.com का उपयोग अंतरराष्ट्रीय खरीदारों के साथ धोखाधड़ी करने के लिए कर रहे थे। यह जैक मा के लिए एक बड़ा झटका था। यह पहली बार था कि उसके उपभोक्ताओं की तरफ से उन्हें ऐसी शिकायतें आ रही थीं। इसकी जाँच का जिम्मा सावियो क्वान को सौंपा गया। उन्होंने बताया कि कंपनी दीर्घ लाभ के विरुद्ध अल्पकालीन वित्तीय लाभ की तरफ बढ़ रही थी, जो अलीबाबा की साख के लिए अच्छा नहीं था। जैक मा हमेशा से दीर्घकालीन लाभ के पक्षधर रहे थे, क्योंकि उससे कंपनी की उम्र प्रभावित होती थी।

अच्छी खबर यह थी कि तोबाओ और टी मॉल और तेजी के साथ बढ़ रहे थे। अकेले तोबाओ ने ईबे को वैश्विक लेन-देन में पीछे छोड़ दिया था, लेकिन इतना ही काफी नहीं था। अलीबाबा को एक और झटका लगा कि उसके एक बिक्री दल ने एक आपराधिक धोखाधड़ी की थी।

घोटाले की पूरी जानकारी होने के बाद जैक मा ने तीव्रता से प्रतिक्रिया की। उन्होंने alibaba.com के सी.ई.ओ. डेविड वेई और एल्विस ली को

इस्तीफा देने के लिए कहा। भले ही वे प्रत्यक्ष रूप से इस घोटाले में शामिल नहीं थे, लेकिन यह उनकी जिम्मेदारी थी कि वे कंपनी की प्रतिष्ठा और विश्वास को बनाए रखते। यह एक मजबूत निर्णय था, लेकिन इसके जरिए जैक मा ने यह संदेश दिया कि कंपनी की प्रतिष्ठा और विश्वास को बनाए रखना शीर्ष अधिकारियों का सबसे पहला कर्तव्य है।

"बहुत से उद्योग-धंधे बुरे दौर से गुजर रहे हैं, अगर आप मुश्किलों के कारणों को नहीं बदलेंगे तो ऐसी स्थिति में आपको गिरावट का सामना करना पड़ेगा। पिछले दस सालों में आपके संगठन, संरचना, कंपनी की कार्यपद्धति और कारोबार के मॉडल ने भले ही बेहतर परिणाम दिए हों, लेकिन आनेवाले पाँच से पंद्रह सालों के बीच बाजार की जरूरतों के अनुरूप ही आपको अपनी संरचना, कार्यपद्धति, संगठन और कर्मचारियों में बदलाव लाते रहने होंगे, वरना यह आपको खत्म कर देगा। हम कह सकते हैं कि बदलाव की कीमत होती है। यह दाँत के दर्द की तरह काम करता है, लेकिन यदि दाँत नहीं निकलवाया जाएगा तो आपको परेशानियों का सामना करना पड़ेगा और आप जिंदगी और मौत के बीच की स्थिति में रहेंगे। हर व्यक्ति को पर्याप्त तैयारियाँ जरूर करनी चाहिए और उसके लिए मानसिक रूप से तैयार होना चाहिए। यदि आप कामयाबी के साथ किसी भी परेशानी से बाहर निकलना नहीं जानते तो आपका पुराना पड़ चुका उद्योग बंद हो जाएगा या फिर उसका हस्तांतरण हो जाएगा। जिस चीज का मूल्य पहले अधिक था, उसमें वृद्धि भी हो सकती है और वह व्यर्थ भी हो सकता है। आज हमारा है, कल किसी

"बहुत से उद्योग-धंधे बुरे दौर से गुजर रहे हैं, अगर आप मुश्किलों के कारणों को नहीं बदलेंगे तो ऐसी स्थिति में आपको गिरावट का सामना करना पड़ेगा।

और का होगा। निश्चित तौर पर हम नहीं कह सकते कि हम कितने दिनों तक बाजार में टिके रहेंगे। उसके लिए हमें हमेशा प्रयास करते रहना होगा। खुद में बदलाव करते रहना होगा।"

—जैक मा

बदलाव हमेशा विरोध से शुरू होता है और जैक मा ने अपने जीवन में ऐसे कई विरोधों का सामना किया। 'तोबाओ' ने अपनी रणनीतियों को बदला था, टी मॉल वेबसाइट को वह और बड़ा करना चाहते थे, जिसके कारण उन्होने बड़े और पेशेवर, अधिक योग्य विक्रेताओं को मंजूरी दी थी। इस बात से नाराज होकर छोटे विक्रेताओं ने तोबाओ के कार्यालयों के बाहर कंपनी के विरोध में प्रदर्शन किया। चीन में प्रदर्शन सामान्य बात नहीं थी। इस विवाद को निपटाने के लिए सरकार को हस्तक्षेप करना पड़ा। उन्होंने जैक मा से कहा कि अपनी रणनीतियों को बदलकर पहले जैसा करें। प्रयासों के बाद इस विवाद का भी अंत हुआ और अलीबाबा फिर से सुचारु रूप से काम करने लगा।

बहुत उथल-पुथल के बाद भी कोई भी विवाद अलीबाबा की अली पे इकाई के स्पिन ऑफ से बड़ा नहीं था, जिसपर जैक मा और साइमन का नियंत्रण रहा था। अली पे अलीबाबा की एक ऐसी इकाई थी, जिसके द्वारा तोबाओ के लेन-देन को व्यवस्थित किया जाता था, लेकिन जल्द ही जैक मा ने अली पे को अलीबाबा से अलग कर एक स्वतंत्र कंपनी घोषित कर दिया।

बहुत उथल-पुथल के बाद भी कोई भी विवाद अलीबाबा की अली पे इकाई के स्पिन ऑफ से बड़ा नहीं था, जिसपर जैक मा और साइमन का नियंत्रण रहा था। अली पे अलीबाबा की एक ऐसी इकाई थी, जिसके द्वारा तोबाओ के लेन-देन को व्यवस्थित किया जाता था, लेकिन जल्द ही जैक मा ने अली पे को अलीबाबा से अलग कर एक स्वतंत्र कंपनी घोषित कर

दिया। जनसामान्य के लिए यह एक सामान्य सी बात थी, लेकिन इसके पीछे एक बहुत बड़ा कारण था, चीन के सरकारी बैंक सरकार से अली पे को बंद करने की सिफारिश कर सकते थे, तब इसका परिणाम यह होता कि तोबाओ का लेन–देन बंद होने के साथ–साथ, लाखों नौकरियाँ खतरे में आ जातीं। इस बात के लिए याहू अलीबाबा से नाराज हो गया। याहू अलीबाबा से इसके लिए नाराज था, क्योंकि जैक ने 'अली पे' का हस्तांतरण करने से पहले बोर्ड की मंजूरी नहीं ली थी।

एक तरह से जैक मा ने कंपनी को स्थानीय अधिकारियों के सुपुर्द कर दिया था। यह बिल्कुल वैसा ही था, जैसे चीनी व्यापारी अपने विदेशी भागीदारों को धोखा देने की कोशिश करते हैं; हालाँकि इस समस्या का समाधान कर दिया गया। अलीबाबा और उनके निवेशकों के बीच विवाद समाप्त हो गया था, लेकिन इस विवाद ने अलीबाबा की साख पर एक धब्बा जरूर लगा दिया था। जैक मा ने इस पर कभी कोई सफाई नहीं दी। उनका कहना था, "जब इतने सारे लोग मेरी कंपनी से जुड़े हुए हैं तो मैं चाहकर भी सभी को खुश नहीं रख सकता। जब 400 मिलियन लोग इंटरनेट इस्तेमाल करते हैं और हम ऐसी रणनीतियाँ लेकर आते हैं, जिससे 99 प्रतिशत लोग हमें पसंद करें, लेकिन फिर भी एक प्रतिशत लोग ऐसे रह जाते हैं, जो हमें पसंद नहीं करते।"

एक तरह से जैक मा ने कंपनी को स्थानीय अधिकारियों के सुपुर्द कर दिया था। यह बिल्कुल वैसा ही था, जैसे चीनी व्यापारी अपने विदेशी भागीदारों को धोखा देने की कोशिश करते हैं; हालाँकि इस समस्या का समाधान कर दिया गया।

चाहे जो हो, लेकिन जैक मा ने खुद को हमेशा लचीला बनाए रखा। जैक मा कहते हैं कि पूरी तरह से आशावादी या पूरी तरह से निराशावादी होने से हमेशा परहेज करना चाहिए। पिछले दस सालों में हर वर्ष के अंत में मैं बारह महीने के लिए योजनाएँ बनाता हूँ और मेरे कर्मचारी उसमें मेरी सहायता

भी करते हैं। 2003 के समाप्त होने के बाद मेरे लिए 2004 की संभावनाओं के बारे में पूर्व अनुमान करना आसान नहीं था और 2005 के बारे में सोचना तर्कसंगत नहीं लगता। कोई इतनी दूर की कैसे सोच सकता है? लेकिन पूरी ईमानदारी के साथ कहा जाए तो किसी भी चुनौती का सामना आपको शांत चित्त और आशावादी बने रहकर करना होगा। चुनौतियाँ का अनुमान लगाना हमेशा संभव नहीं होता, लेकिन किसी भी उद्योगपति को अपनी आनेवाली विपत्तियों को पहचानने का हुनर आना चाहिए। यदि आप ऐसे कारणों को खोज पाएँगे, जो आपके सफल होने में बाधा हैं तो आप अपनी चुनौतियों और विपत्तियों को पहचान सकेंगे। हर व्यक्ति के पास अपने उद्यम को सफल बनाने के लिए ढेरों नुस्खे होते हैं, लेकिन ऐसे व्यक्ति बहुत कम होते हैं, जो यह बता सकें कि उनकी असफलता का क्या कारण है? भविष्य किसी को ज्ञात नहीं, वहाँ बड़े-से-बड़ा उद्यमी बड़े-से-बड़ा व्यापारी डूब सकता है? इसके लिए भाग्य को जिम्मेदार ठहराना कितना उचित हो सकता है?

> *भाग्य के बारे में निश्चित रूप से नहीं कहा जा सकता। अधिकतर लोग बाहरी तत्त्वों पर ज्यादा ध्यान देते हैं। कुछ ही लोग हैं, जो अपनी अंदरूनी कमियों पर गौर करते हैं और उनसे भी कम वो लोग हैं, जो खुद से सवाल करते हैं।*

भाग्य के बारे में निश्चित रूप से नहीं कहा जा सकता। अधिकतर लोग बाहरी तत्त्वों पर ज्यादा ध्यान देते हैं। कुछ ही लोग हैं, जो अपनी अंदरूनी कमियों पर गौर करते हैं और उनसे भी कम वो लोग हैं, जो खुद से सवाल करते हैं। अलीबाबा और दूसरे लोगों में यही एक फर्क है कि हम हमेशा आवश्यकताओं की पूर्ति के लिए खुद को ढालने की कोशिश करते हैं।

दूसरे लोगों की कंपनियाँ कैसे सफल हैं? या सरकार उन्हें किस प्रकार से सहायता कर रही है? इस बात से कोई विशेष प्रभाव नहीं पड़ता। प्रभाव पड़ता है कि आप क्या करना चाहते हैं? और आप क्या नहीं करना चाहते हैं, यदि आपके इरादे मजबूत हैं तो आप अपने लक्ष्यों को हासिल करने की

कोशिश करेंगे या फिर हासिल करने की कोशिश में ही अपना पूरा जीवन व्यतीत कर देंगे। इस सवाल के लिए आप ईमानदारी से सोचिए, यदि आप अपने काम से पागलपन की हद तक प्यार करते हैं तो कोशिश करें। आप अपने साथ उन लोगों को रखें, जो आप में और आपके काम में विश्वास करते हैं। यही आपको सफलता का अवसर देगा।

हर व्यक्ति सुधार की वकालत करता है। बदलाव की वकालत करता है, लेकिन क्या कोई कंपनी लगातार खुद में बदलाव करते रहने का जोखिम उठाती है? यदि बदलाव का जोखिम हम नहीं उठा सकते तो एक दिन हम निश्चित रूप से बरबाद हो जाएँगे। खराब मौसम होने पर सूरज निकलने की प्रतीक्षा में मत रहिए। मौसम से निबटने की तैयारी करिए। स्थितियों में बदलाव का इंतजार करना लाभदायक नहीं है। हमें उन क्षेत्रों की पहचान करनी होगी, जिन्हें बंद कर देने में ही फायदा है और जहाँ हमें काम करने के तरीकों में बदलाव करने की जरूरत है, वहाँ हमें बदलाव करना होगा। बदलाव ही प्रकृति का नियम है, खुद में नियमित रूप से सुधार करते रहना एक अच्छे व्यापारी की पहचान है।

□

8

अलीबाबा में आखिरी दिन

यह साल 2013 का अंतिम समय था, जब हांगझोउ का येलो ड्रैगन स्टेडियम अलीबाबा के कर्मचारी, उपभोक्ता, दोस्तों, परिवारों से भरा हुआ था। स्टेडियम बिजली की रोशनी से जगमगा रहा था। रंग-बिरंगी आतिशबाजी चारों तरफ बिखरी हुई थी। मंच पर जैक मा पर बनाई गई फीचर फिल्म प्रसारित की गई थी, फिर परदे के पीछे से मंच पर ब्रूनो के लिबास में एक चेहरा मंच पर उतरा, जिसने अपनी आवाज में गाना गाया 'चाइना आई लव यू' और लोग उसकी आवाज को सुनकर जैसे पागल हो गए। पूरे स्टेडियम का शोर अपने जोरों पर था। हर कोई मंच पर नजर गड़ाए एक नजर उस चेहरे को देखना चाहता था। यह चेहरा कोई और नहीं, यह चीन का विश्वप्रसिद्ध चेहरा था—'जैक मा'। कंपनी तोबाओ के दस साल पूरे होने की खुशी में यह जश्न मना रही थी।

आज से दस साल पहले, जब तोबाओ की शुरुआत अलीबाबा ने की, उस समय उसके संस्थापक एक छोटे से कमरे में बिना एयर कंडीशन के बिजली की समस्या से जूझ रहे थे। एक बड़े सपने और आत्मविश्वास के अलावा कुछ नहीं था, जो कह सकता था कि आज से दस साल बाद यह कंपनी ईबे और एमेजॉन को पीछे छोड़ देगी। दस साल के अंदर अलीबाबा ने इ-कॉमर्स को घर-घर तक पहुँचाया था। न केवल बड़े शहरों और कस्बों में, बल्कि अब उसके पैर गाँव तक भी पहुँच चुके थे। कुछ संस्थापकों द्वारा स्थापित किया गया तोबाओ आज लाखों नौकरियाँ उपलब्ध करा रहा है। यह

निश्चित तौर पर जश्न मनाने का दिन था, लेकिन यह और भी बड़ा हो गया, क्योंकि आज के दिन जैक मा अपने सी.ई.ओ. के पद से इस्तीफा देनेवाले थे। जैक मा ने आधिकारिक तौर पर जॉनाथन को अलीबाबा का सी.ई.ओ. घोषित किया। जॉनाथन ने अलीबाबा समूह में रहते हुए एक क्लर्क से लेकर आज सी.ई.ओ. तक पहुँचे। जैक मा केवल अलीबाबा के अध्यक्ष बनकर रहना चाहते थे, जिससे वे अलीबाबा की बड़ी योजनाओं को अपना समय दे सकें। उनका लक्ष्य अलीबाबा को एक बड़ी तसवीर में लाना था और साल 2014 में ऐसा हुआ भी।

> ***अब यह पुरानी बात थी, जब अलीबाबा हाँगकाँग के शेयर बाजार में अपना नाम अंकित कराना चाहता था, लेकिन अलीबाबा के नियम और शर्तों को हाँगकाँग शेयर बाजार ने स्वीकार नहीं किया, क्योंकि अलीबाबा के अनुसार उनके शेयर्स का अप्रत्यक्ष रूप से अधिकार जैक मा और उसके 26 संस्थापकों के हाथ में ही रहता।***

अब यह पुरानी बात थी, जब अलीबाबा हाँगकाँग के शेयर बाजार में अपना नाम अंकित कराना चाहता था, लेकिन अलीबाबा के नियम और शर्तों को हाँगकाँग शेयर बाजार ने स्वीकार नहीं किया, क्योंकि अलीबाबा के अनुसार उनके शेयर्स का अप्रत्यक्ष रूप से अधिकार जैक मा और उसके 26 संस्थापकों के हाथ में ही रहता। इस तरह के ढाँचे को मंजूरी देना हाँगकाँग के नियम और शर्तों के खिलाफ था, क्योंकि ऐसे में शेयर पर शेयरधारकों का कोई अधिकार नहीं रहता। यदि अलीबाबा को हाँगकाँग में सूचीबद्ध कर दिया जाता तो अलीबाबा के लिए चीजें और भी आसान हो जातीं, जिससे अलीबाबा और सरकार के संबंध और भी बेहतर होने की संभावना थी। एक तरह से जैक मा और उसके संस्थापक बाजार को नियंत्रित कर सकते थे, लेकिन सरकारी रणनीतियों के चलते हाँगकाँग ने इसकी अनुमति नहीं दी। वहाँ सफलता न मिलने पर जैक मा ने अलीबाबा को न्यूयॉर्क शेयर बाजार में सूचीबद्ध करा लिया।

19 सितंबर, 2014 इतिहास के आई.पी.ओ. का सबसे बड़ा दिन था। उस दिन अलीबाबा का आई.पी.ओ. 220 बिलियन डॉलर से अधिक था। अब पूरी दुनिया अलीबाबा को जानती थी। अलीबाबा चीन में ही नहीं, पूरी दुनिया में एक बड़ा नाम था। ओपनिंग बेल बजी और जैक मा सी.एन.बी.सी. प्रसारण बूथ पर आए तो दुनिया को इ-कॉमर्स के राजा को देखने का मौका मिला, तब उन्होंने कहा, "15 साल पहले मैंने अपने कमरे में अपने साथियों से कहा था कि यदि जैक मा और उसके साथी सफल हो सकते हैं तो चीन के 80 प्रतिशत लोग सफल हो सकते हैं और पूरी दुनिया के 80 प्रतिशत युवा सफल हो सकते हैं, जब मैंने अपने सपनों में रंग भरने शुरू किए तो मेरे सपनों के पीछे किसी पैसेवाले पिता का हाथ नहीं था। मेरे पीछे हाथ था तो मेरे सपनों का। यदि जैक मा सफल हो सकता है तो दुनिया का हर व्यक्ति सफल हो सकता है।"

आज बहुत अच्छा दिन है, मुझे अरसे से इसका इंतजार था, लेकिन अब मैं सोचता हूँ कि मैं अपने दोस्तों, सहकर्मियों, साझेदारों से क्या कहूँ? दस साल पहले जब चीन में सार्स आया तो हमारा आत्मविश्वास पूरी तरह से डगमगा गया था, लेकिन हमें पूरा विश्वास था कि इ-कॉमर्स के उपयोग के बाद लोगों का जीवन निश्चित रूप से बेहतर होगा"

वर्ष 2013 में जब तोबाओ ने अपनी दसवीं सालगिरह मनाई थी, तब जैक मा ने सभी को संबोधित करते हुए कहा था, "आज बहुत अच्छा दिन है, मुझे अरसे से इसका इंतजार था, लेकिन अब मैं सोचता हूँ कि मैं अपने दोस्तों, सहकर्मियों, साझेदारों से क्या कहूँ? दस साल पहले जब चीन में सार्स आया तो हमारा आत्मविश्वास पूरी तरह से डगमगा गया था, लेकिन हमें पूरा विश्वास था कि इ-कॉमर्स के उपयोग के बाद लोगों का जीवन निश्चित रूप से बेहतर होगा, लेकिन तब भी यह उम्मीद नहीं की थी कि यहाँ तक सफल हो जाएँगे और सच कहूँ तो मुझे खुद पर भी

सौ प्रतिशत विश्वास नहीं था, इसके लिए मैं अपने सहकर्मियों का कर्जदार हूँ कि उन्होंने मुझसे अपना विश्वास कभी नहीं हटने दिया। एक सी.ई.ओ. बनना बहुत मुश्किल है, लेकिन उससे भी मुश्किल काम है, बेहतर कर्मचारियों का समूह बनाना। मुझे आज तोबाओ और अलीलोन समेत अलीबाबा के सभी कर्मचारियों पर गर्व है।

“ '80 और '90 के दशक की पीढ़ी ने यह उम्मीद जगाई है कि आनेवाली दुनिया अधिक खुली हुई है। वह पारदर्शी, जिम्मेदार और सहयोग करनेवाली होगी। जिस दुनिया में आज हम कदम रख रहे हैं, वह दिन-प्रति-दिन बदल रही है। आज से तीस साल पहले हमने नहीं सोचा था कि दुनिया ऐसी होगी! न ही चीन की सफलता के बारे में दुनिया को अनुमान हुआ होगा! लेकिन कंप्यूटर ने जीवन को एकदम बदल दिया। आज चीन में ही नहीं, इंटरनेट का उपयोग पूरी दुनिया में बड़ा रूप ले चुका है। कभी उम्मीद नहीं थी कि 'तोबाओ' कामयाबी के साथ यहाँ तक आ पहुँचेगा और नेटस्केप तथा याहू की स्थिति आज जैसी होगी। आज दुनिया सिमटकर एक फोन में समा गई है। हम भविष्य की संभावनाओं के लिए खुलकर बात कर सकते हैं, उनमें विश्वास जगा सकते हैं, लेकिन अभी भी हमने मोबाइल इंटरनेट का पूरी तरह से इस्तेमाल नहीं किया है। हमारे सामने एक बहुत बड़ा डाटा युग इंतजार कर रहा है, लेकिन हमें यह स्वीकार करना होगा कि हमारी सोच भी बदल रही है।

> ***'80 और '90 के दशक की पीढ़ी ने यह उम्मीद जगाई है कि आनेवाली दुनिया अधिक खुली हुई है। वह पारदर्शी, जिम्मेदार और सहयोग करनेवाली होगी। जिस दुनिया में आज हम कदम रख रहे हैं, वह दिन-प्रति-दिन बदल रही है।***

“अगर परिवर्तन का दौर नहीं आता तो हम बहुत से अवसर गँवा चुके होते। आज भी हमारी पीढ़ियाँ कट्टरवादी और रूढ़िवादी होतीं तो अर्थव्यवस्था कभी भी मजबूत नहीं बन पाती। आनेवाले तीस सालों में चीन ही नहीं, पूरी दुनिया परिवर्तनों के दौर से गुजरी है। यह हमें और बेहतर-से-बेहतर बनने

के मौके देगी। बस हमें अवसरों को भुनाना आना चाहिए। लोग गुजरी हुई समस्याओं का बखान करते हैं, बावजूद आज को सुधारने और विकास को देखने के। हमें शुक्रगुजार होना चाहिए उन शिकायतों का, अगर लोगों की शिकायतें नहीं होतीं तो हम नए अवसर ढूँढ़ने की कोशिश नहीं करते, अगर बदलाव नहीं होंगे तो हम नहीं जान पाएँगे कि हमें क्या चाहिए? मेरे लिए यह सौभाग्य की बात है कि मैं अलीबाबा की स्थापना से लेकर 14 सालों तक उसका सहभागी रहा हूँ।

"आज रात के बाद मैं कंपनी का सी.ई.ओ. नहीं रहूँगा। कल व्यापार मेरे लिए एक शौक होगा, लेकिन मुझे अपने गुजरे 14 सालों पर गर्व है। आज युवाओं को देखकर मुझे संतोष है कि मेरे साल बेकार नहीं बीते। पक्के तौर पर कोई नहीं कह सकता कि व्यापार कितने दिनों तक कामयाब रहेगा? कोई अंदाजा नहीं लगा सकता कि आप कब नाकाम, कब बूढ़े और कब मन से थक जाएँगे। नाकामी, बुढ़ापे और मानसिक थकान से बचने का सबसे बेहतर तरीका है नौजवानों पर भरोसा करना। युवा पीढ़ी ही हमारा भविष्य है, इसलिए मैं अब सी.ई.ओ. बनकर कभी वापस नहीं लौटूँगा। मुझे गर्व है कि कंपनी बहुत तेजी से बढ़ी, लेकिन अभी इसे समाज के प्रति बहुत योगदान देना है। हम सभी बहुत आम इनसान हैं। जो अपने काम से बहुत प्यार करते हैं, अब तक जो कुछ भी हमने किया है, उसकी तुलना में हम बहुत कुछ हासिल कर चुके हैं। अब हमारी जिम्मेदारी है कि हम समाज के लिए कुछ करें। समाज के सामने अनेक चुनौतियाँ हैं, लेकिन चुनौतियों में हमेशा अवसर छुपे होते हैं। मैं आप सभी के प्रति अपनी कृतज्ञता प्रकट करता हूँ।

आज रात के बाद मैं कंपनी का सी.ई.ओ. नहीं रहूँगा। कल व्यापार मेरे लिए एक शौक होगा, लेकिन मुझे अपने गुजरे 14 सालों पर गर्व है। आज युवाओं को देखकर मुझे संतोष है कि मेरे साल बेकार नहीं बीते। पक्के तौर पर कोई नहीं कह सकता कि व्यापार कितने दिनों तक कामयाब रहेगा?

"मैं आज के बाद वह काम करना चाहूँगा, जिनमें मेरी दिलचस्पी है—शिक्षा, पर्यावरण संरक्षण। मुझे बरबस 'हील द वर्ल्ड' गाने की याद आ रही है। दुनिया में बहुत सी मुश्किलें हैं, जिनका हमारे पास कोई हल नहीं। दरअसल हमें एक समय में वही एक काम करना चाहिए, जो हमारी रुचि के अनुकूल हो। हमें केवल अपने कामों में ही कड़ी मेहनत करने की जरूरत नहीं है, बल्कि वातावरण, पर्यावरण पर भी उतनी ही गंभीरता से सोचने की आवश्यकता है। हमें कोशिश करनी चाहिए कि नदियों में साफ पानी बहे, आसमान का रंग पारदर्शी नीला हो और हमें अच्छा खाना मिल सके। मैं इन सभी लक्ष्यों को प्राप्त करने के लिए आप सभी का आह्वान करता हूँ। अलीबाबा की टीम ने सालोसाल मेरे कंधे-से-कंधा मिलाकर काम किया। उसका शुक्रगुजार हूँ। मैं भाग्यशाली हूँ कि मुझे केवल 48 साल की उम्र में सेवा-निवृत्त होने का सुख प्राप्त हुआ। आज से पहले काम ही मेरा जीवन था। कल से जीवन ही मेरा काम होगा।"

और इसी के साथ जैक मा ने अपना भाषण समाप्त किया। जैक मा ने अपने जीवन में इतने पुरस्कार अपने नाम किए, जिनको अंकित नहीं किया जा सकता। 2013 में हाँगकाँग यूनिवर्सिटी ऑफ साइंस ऐंड टेक्नोलॉजी ने उन्हें व्यापार प्रबंधन में पी-एच.डी. की उपाधि से सम्मानित किया।

और इसी के साथ जैक मा ने अपना भाषण समाप्त किया। जैक मा ने अपने जीवन में इतने पुरस्कार अपने नाम किए, जिनको अंकित नहीं किया जा सकता। 2013 में हाँगकाँग यूनिवर्सिटी ऑफ साइंस ऐंड टेक्नोलॉजी ने उन्हें व्यापार प्रबंधन में पी-एच. डी. की उपाधि से सम्मानित किया। उन्होंने कभी किसी प्रौद्योगिकी की शिक्षा नहीं ली थी, लेकिन फिर भी उन्होंने एक अंतरराष्ट्रीय कंपनी की स्थापना कर उसका संचालन किया तथा प्रतिकूल परिस्थितियों में भी अपनी कंपनी के अस्तित्व को बचाए रखने में सफलता का परिचय दिया। वे लाखों लोगों के जीवन में सकारात्मक बदलाव के लिए जिम्मेदार थे। अपने जीवन में

जो पुरस्कार और सम्मान उन्हें प्राप्त हुए, वे हमेशा से उनके अधिकारी थे। उन्होंने खुद कहा, "मेरे माँ-बाप ने कभी नहीं सोचा था कि मुझे कभी ऊँची शिक्षा हासिल होगी! मेरे दोस्त हमेशा इस बात को लेकर संशय में रहते थे कि मुझे कभी कोई सफलता मिलेगी।" क्योंकि तीन बार कोशिश करने के बाद उनका दाखिला किसी विश्वविद्यालय में हो पाया था, लेकिन आज बहुत से विश्वविद्यालय उनके एक व्याख्यान के लिए लंबा इंतजार करते हैं।

□

9

मुख्य कार्यकारी अधिकारी

प्रत्येक कंपनी को अपनी पहचान बनाने के लिए सही रणनीति की आवश्यकता होती है। ऐसे में कंपनी के मुख्य कार्यकारी अधिकारी (सी.ई.ओ.) की भूमिका का विशेष महत्त्व है। प्रत्येक सी.ई.ओ. अपने अनुभवों और उत्कृष्ट दक्षता तथा क्षमताओं के साथ कंपनी सँभालता है। विशेषकर किसी भी अर्थव्यवस्था में कंपनी के प्रबंधकीय गठन में तीन चीजें अनिवार्य रूप से होती हैं—सामान्य शेयरधारक, निर्देशक मंडल और उच्च स्तरीय निदेशकों का समूह। निदेशक मंडल अधिकारियों को कंपनी के प्रबंधन में निर्णय लेने के लिए अधिकार प्रदान करते हैं और उस कार्यकारी समूह का मुखिया सी.ई.ओ. को बनाया जाता है। निदेशक मंडल का अध्यक्ष कंपनी का उपाध्यक्ष या महाप्रबंधक कोई भी हो सकता है। अध्यक्ष और सी.ई.ओ. के पद भिन्न होते हैं। सी.ई.ओ. उच्चस्तरीय कार्यकारी पदाधिकारियों में सबसे ऊपर और सबसे महत्त्वपूर्ण होता है, लेकिन अध्यक्ष सर्वसत्तासंपन्न होता है। कंपनी में नई योजनाएँ आजमाने का दायित्व और कोई भी अंतिम फैसला लेने का अधिकार अध्यक्ष का होता है।

जब जैक मा ने अलीबाबा की स्थापना की तो एक तो सी.ई.ओ. के तौर पर उनकी भूमिका बहुत बड़ी थी, लेकिन सी.ई.ओ. अपने निर्णय लेने के लिए स्वतंत्र नहीं होते। उन्हें किसी भी अंतिम फैसले पर निर्णय लेने से पहले नीतियों पर सामूहिक विचार-विमर्श करना पड़ता है, जब हाँगकाँग शेयर बाजार में सूचीबद्ध होने को लेकर अलीबाबा को कालांतर की लंबी प्रक्रिया से

होकर गुजरना पड़ा, तभी जैक मा ने यह निर्णय लिया कि वह अलीबाबा के सी.ई.ओ. पद से मुक्त हो जाएँगे। 49 साल की उम्र में उन्हें मुखिया बने हुए एक ही साल हुआ था, फिर भी उन्होंने खुद को कंपनी से अलग कर लिया, जिससे कंपनी को और मजबूत बनाया जा सके। उनका मानना था कि कंपनी पर एकाधिकार करने से उसकी उर्वरता प्रभावित होती है।

जब जैक मा ने अपने इस्तीफे के निर्णय को लोगों के सामने रखा तो इ-कॉमर्स जगत् में तरह-तरह की बातें होने लगीं। अखबारों की सुर्खियाँ 'जैक मा के इस्तीफे का सच' जैसे शीर्षकों से भरी हुई थीं, लेकिन इसके विपरीत सच यह था कि जैक मा को कभी पैसे से लगाव नहीं रहा। वे स्वतंत्र होकर कंपनी के लिए काम करना चाहते थे, उन्हें अपने विचारों का विकास और आनेवाली चुनौतियों का सामना करने के लिए स्वतंत्र होना आवश्यक लगा। वे चाहते थे कि नई प्रतिभाएँ सामने आएँ, जिनसे सीखने का मौका मिले। उनका मानना था कि चीजें कभी एक जैसी नहीं होतीं। एक व्यक्ति हमेशा किसी कंपनी को नहीं चला सकता। उनका अलीबाबा से अलग होने का उद्देश्य बस इतना ही था कि उसके अस्तित्व की रक्षा हो, वह और बेहतर तरीके से काम कर सके। जब जैक मा ने सी.ई.ओ. का पद छोड़ा, उससे पहले उन्होंने अलीबाबा की स्थिति को और मजबूत कर दिया था। उन्होंने याहू के शेयर्स को वापस खरीदा और हाँगकाँग शेयर बाजार में अपनी कंपनी की डीलिस्टिंग कराई। उन्होंने अलीबाबा को एक मजबूत स्थिति में खड़ा कर दिया था। जैक मा की दृष्टि अब इ-कॉमर्स उद्योग के विस्तार को दिशा देने पर थी। सारे सूत्र इस तरफ इशारा करते थे कि अब अलीबाबा डिजिटल प्लेटफॉर्म को और मजबूत

जब जैक मा ने अपने इस्तीफे के निर्णय को लोगों के सामने रखा तो इ-कॉमर्स जगत् में तरह-तरह की बातें होने लगीं। अखबारों की सुर्खियाँ 'जैक मा के इस्तीफे का सच' जैसे शीर्षकों से भरी हुई थीं, लेकिन इसके विपरीत सच यह था कि जैक मा को कभी पैसे से लगाव नहीं रहा।

तरीके से प्रस्तुत करेगा। लोग कह रहे थे कि जैक मा का यह फैसला तर्कसंगत नहीं है, लेकिन इस फैसले के पीछे उनकी दूरदर्शिता और उद्यमशीलता थी।

गणित में एड़ी से चोटी तक की मेहनत करने के बावजूद जैक मा को यूनिवर्सिटी की प्रवेश परीक्षा में केवल 19 नंबर ही मिले थे। सभी विषयों के नंबर जोड़ने के बाद उनके नंबर इतने नहीं थे कि वे 140 नंबरों का आँकड़ा पार कर पाएँ। निराशा के साथ-साथ जैक मा ने अगली परीक्षा की तैयारी शुरू कर दी थी। एक ट्यूटर की मदद से उन्होंने 19 अंकों को बढ़ाकर 79 तक पहुँचाया।

गणित में एड़ी से चोटी तक की मेहनत करने के बावजूद जैक मा को यूनिवर्सिटी की प्रवेश परीक्षा में केवल 19 नंबर ही मिले थे। सभी विषयों के नंबर जोड़ने के बाद उनके नंबर इतने नहीं थे कि वे 140 नंबरों का आँकड़ा पार कर पाएँ। निराशा के साथ-साथ जैक मा ने अगली परीक्षा की तैयारी शुरू कर दी थी।

जिसके पीछे उनकी कठोर मेहनत थी। उनके पिता बहुत खुश थे कि उनके बेटे को विश्वविद्यालय में प्रवेश मिला है। विश्वविद्यालय में प्रवेश करने के तीसरे साल ही जैक मा को छात्र यूनियन का अध्यक्ष बनाया गया था और कुछ समय बाद वे स्टूडेंट फेडरेशन के अध्यक्ष बने। उनमें अध्यक्ष बनने की प्रवृत्ति जन्म ले चुकी थी। उन्होंने जीवन भर नेतृत्व किया और अपने नेतृत्व में जिस भी काम को किया, उसमें सफलता हासिल की। सबकी मदद करना और अपने विनम्र व ईमानदार स्वभाव से न्याय के पक्ष में आवाज उठाना उनके आचरण का हिस्सा बन गया था। एक लड़का, जिसे बहुत मामूली सी गलती के कारण प्रवेश परीक्षा में बैठने नहीं दिया जा रहा था, गहरी दोस्ती न होने के बाद भी जैक मा ने उस लड़के की मदद की, क्योंकि वे छात्र यूनियन के अध्यक्ष थे। लड़का अपनी परीक्षा दे पाया। उनकी योग्यता, ईमानदार चरित्र और बोलने में निपुणता के कारण वे एक नेता के रूप में उभर रहे थे। विभागीय अध्यक्ष और फैकल्टी हेड्स द्वारा भी उनकी बातें सुनी जाती थीं। सालों बाद उस लड़के ने जैक से मिलकर

उनको धन्यवाद दिया। उसने कहा कि यदि कोई आवश्यकता हो तो मुझे जरूर याद कीजिएगा। यह लोगों के दिलों में जगह बनाने और अपने लिए सच्चे मित्र तलाशने जैसा था, जिससे उन्हें भावनात्मक रूप से जुड़े हुए लोगों का साथ मिला। वही लड़का एक बड़ी विदेशी कंपनी में प्रबंधक था। यूनिवर्सिटी छोड़ने के बाद भी उनके पास लगातार दोस्तों के फोन आते थे। एक यूनियन नेता के तौर पर उनकी लोकप्रियता केवल विश्वविद्यालय तक ही सीमित नहीं थी, उनको अपने प्रतिस्पर्धी और दोस्तों के द्वारा भी पसंद किया जाता था। शिक्षक उनकी प्रशंसा करते थे। हांगझोउ नॉर्मल यूनिवर्सिटी का स्टूडेंट यूनियन का अध्यक्ष रहने के बाद वे पूरे हांगझोऊ यूनिवर्सिटी के स्टूडेंट यूनियन के अध्यक्ष भी बने। उनके इसी आचरण के चलते वे जहाँ भी गए वहाँ हमेशा सच्चे दोस्तों से घिरे रहे। जैक मा रचनात्मक और उद्देश्यपूर्ण क्रियाकलापों के धनी थे। सबके मुख्य आकर्षण का केंद्र थे। छात्र उनका सम्मान करते थे। उनके भाषणों में चामत्कारिक आकर्षण होता। उनका दृष्टिकोण अन्वेषी था। उनके पास सभी प्रश्नों के वैकल्पिक समाधान होते थे। इस तरह उन्होंने जीवन भर एक अध्यक्ष के तौर पर महत्त्वपूर्ण भूमिका निभाई और हर भूमिका में खुद को साबित करके दिखाया।

> ***"पिछले 15 सालों में हमारी वजह से चीन में बहुत से अच्छे बदलाव हुए हैं और हम आशा करते हैं कि आगे आनेवाले 15 सालों में हमारी वजह से दुनिया में बेहतर बदलाव होंगे।"***
>
> **—जैक मा**

□

10

वर्चस्व

यदि amazon.com के संस्थापक जेफ बेजोस को इ-कॉमर्स का पिता कहा जाए तो गलत नहीं होगा। उन्होंने इ-कॉमर्स को ऊँचाइयों तक पहुँचाया। जिस समय 1999 में 'टाइम्स' मैगजीन ने उन्हें 'पर्सन ऑफ द ईयर' का खिताब दिया था, उस समय जैक मा अपने कमरे में अलीबाबा को स्थापित कर रहे थे।

एमेजॉन और अलीबाबा की हमेशा काँटे की टक्कर रही है। कौन पूरी दुनिया पर राज करता है ? इ-कॉमर्स मार्केट में उनके खुद के देश में उन्हें कोई नहीं हरा सकता, लेकिन वे पूरे विश्व में नए बाजार तलाशने के लिए हमेशा एक-दूसरे के प्रतिस्पर्धी रहे हैं। एमेजॉन का ज्यादातर रेवेन्यू इलेक्ट्रॉनिक उत्पाद और डिजिटल मीडिया सामग्री जैसे एमेजॉन प्राइम और किंडल से आता है। दूसरी तरफ अलीबाबा इ-कॉमर्स वेबसाइट चलाता है। तोबाओ अलीबाबा समूह की सबसे ज्यादा लाभ कमानेवाली वेबसाइट है। वहाँ से अलीबाबा की अस्सी प्रतिशत बिक्री होती है। अलीबाबा प्रत्यक्ष बिक्री में विश्वास करता है। उसके गोदाम नहीं होते, लेकिन एमेजॉन के खुद के गोदाम हैं। अलीबाबा छोटे उत्पादों को ग्राहक तक सीधा पहुँचाने में उनकी मदद करता है, लेकिन एमेजॉन एक दुकान की तरह है। अलीबाबा को प्रत्यक्ष बिक्री के चलते अपने नए बाजार तलाशने में थोड़ी परेशानियों का सामना करना पड़ता है, क्योंकि अलीबाबा दो दिन में वितरण के लिए वचनबद्ध नहीं होता। एमेजॉन यह बहुत अच्छे से जानता है कि वह चाइना में अलीबाबा को हरा

नहीं सकता, इसलिए उसका पूरा ध्यान विश्व के अन्य बाजारों पर है और यहीं से प्रतिस्पर्धा शुरू होती है।

जब 'एमेजॉन' की शुरुआत हुई तो वह एक किताबों की ऑनलाइन दुकान की तरह था, जिसकी स्थापना 1995 में जैफ बिंजो के द्वारा की गई। अलीबाबा की शुरुआत विश्व थोक बाजार के रूप में की गई थी। एमेजॉन अलीबाबा से बाजार पूँजीकरण में बहुत आगे है। एमेजॉन का बाजार पूँजीकरण 427 अरब डॉलर है और अलीबाबा का 265 अरब डॉलर। यू.एस. की टोटल रिटेल वैल्यू 4846 अरब डॉलर है और उसमें एमेजॉन की हिस्सेदारी 147 अरब डॉलर है। जो यू.एस. की पूरी रिटेल वैल्यू का 3 प्रतिशत है।

जब 'एमेजॉन' की शुरुआत हुई तो वह एक किताबों की ऑनलाइन दुकान की तरह था, जिसकी स्थापना 1995 में जैफ बिंजो के द्वारा की गई। अलीबाबा की शुरुआत विश्व थोक बाजार के रूप में की गई थी। एमेजॉन अलीबाबा से बाजार पूँजीकरण में बहुत आगे है।

चीन की रिटेल वैल्यू 4890 अरब डॉलर है। उसमें 'अलीबाबा' का हिस्सा 547 अरब डॉलर है, यानी चीन की रिटेल वैल्यू में अलीबाबा की हिस्सेदारी 11.18 प्रतिशत है। अलीबाबा को हर महीने विजिट करनेवालों की संख्या 868 लाख है। amazon को विजिट करनेवाले लोगों की संख्या 2 लाख है। एमेजॉन के सक्रिय उपभोक्ता 310 लाख हैं और अलीबाबा के सक्रिय उपभोक्ताओं की संख्या 493 लाख है। अलीबाबा की ब्रांड वैल्यू 55 अरब डॉलर है। एमेजॉन की ब्रांड वैल्यू 150 अरब डालर है। अलीबाबा के मुख्यत: तीन बड़े व्यापार हैं। पहला, alibaba.com, जो amazon.com और flipkart.com की तरह काम करता है। दूसरा, taobao.com, ये सी–टू–सी के तहत काम करता है, जैसे eBay.com, olx.com है। तीसरा, Tmall.com यह इ–कॉमर्स वेबसाइट है, जैसे myntra.com और jobang.com की तरह है। 'अली पे' एक ऑनलाइन भुगतान मंच है, यह पेटीएम की तरह काम करता है। इसी तरह व्हाट्सएप,

यूट्यूब, ट्विटर, ओला और उबर की तरह अलीबाबा बहुत सी सुविधाएँ उपलब्ध कराता है। इसकी एक फुटबॉल टीम है और म्यूचुअल फंड्स में भी अली बाबा की हिस्सेदारी है।

हम एमेजॉन की बात करें तो amazon.com, एमेजॉन प्राइम, एमेजॉन म्यूजिक, एमेजॉन किंडल, एमेजॉन वेब सर्विसेज, एमेजॉन मेकैनिक टॉक, एमेजॉन पब्लिकेशन, एमेजॉन अलेक्सा, एमेजॉन गो, एमेजॉन फायर टी.वी. स्टिक आदि। एमेजॉन के ये सभी व्यापार b2b से संबंधित हैं।

मौका था, 7 नवंबर, 2006, जब जैक मा ने मंच पर लोगों को संबोधित करते हुए कहा था, "मैं 100 प्रतिशत मेड इन चाइना हूँ। मैंने अंग्रेजी सीखी, क्योंकि मैं उसे सीखने का इच्छुक था, लेकिन प्रौद्योगिकी के बारे में मैं कभी कुछ भी नहीं जानता था। अलीबाबा ने बहुत संघर्ष किया, क्योंकि उसे स्थापित करने से पहले मुझे कंप्यूटर के बारे में कोई विशेष जानकारी नहीं थी। मैं एक अंधे आदमी की तरह था, जिसके हाथ में एक छड़ी थी। आज अलीबाबा सफलता की ऊँचाइयों को छू रहा है तो उसके पीछे सिर्फ एक ही कारण दिखाई देता है। मैं आपसे कहना चाहूँगा, अपने सपनों पर विश्वास करना सीखें। अच्छे लोगों को खोजिए और हमेशा कोशिश कीजिए कि आपके ग्राहक खुश रहें। अधिकतर अमरीकी कंपनियाँ जब चीन में स्थापित हो रही थीं तो उन्होंने अपने काबिल पेशेवर प्रबंधकों को चीन में भेजा, लेकिन उनसे यह गलती हुई कि भेजे गए प्रबंधक अमेरिका में बैठे हुए अपने बॉस को खुश करना चाहते थे, लेकिन मैंने हमेशा अपने ग्राहक को खुश करने के बारे में सोचा।"

> ***मौका था, 7 नवंबर, 2006, जब जैक मा ने मंच पर लोगों को संबोधित करते हुए कहा था कि "मैं 100 प्रतिशत मेड इन चाइना हूँ। मैंने अंग्रेजी सीखी, क्योंकि मैं उसे सीखने का इच्छुक था, लेकिन प्रौद्योगिकी के बारे में मैं कभी कुछ भी नहीं जानता था।***

ये बेहद कीमती शब्द थे और तालियों की गड़गड़ाहट पूरे हॉल में गूँज

गई। वहाँ बहुत से व्यापारी बैठे हुए थे। कुछ इ–कॉमर्स से संबंधित भी थे और उन्हीं में एक चेहरा था amazon.com के सी.ई.ओ. जोसेफ का। लगभग सात महीने बाद जोसेफ को वॉल स्ट्रीट में एक साक्षात्कार देते हुए सुना गया, जिसमें उन्होंने बताया कि विदेशी इंटरनेट कंपनियों को चीन में हार का सामना क्यों करना पड़ा और इतने संघर्ष के बाद भी वे सफल क्यों नहीं हो पाईं? उन्होंने कहा कि चीन की प्रबंधन टीम अमेरिका में बैठे अपने बॉस को खुश करना चाहती थी, न कि अपने ग्राहकों को खुश करना। ये वे शब्द थे, जो जेफ बेजोस ने जैक से सीखे थे।

□

11

अलीबाबा समूह

जैक मा के नेतृत्व में अलीबाबा ने तेजी से तरक्की की है। जैक मा के प्रयासों का परिणाम है कि आज अलीबाबा अपने अंदर बहुत सी इकाइयों को समेटे है, जो उसे दिन-रात ताकतवर बना रही हैं। अकसर लोगों को लगता है कि अलीबाबा का व्यापार सिर्फ इ-कॉमर्स तक सीमित है, लेकिन इसका संसार बहुत बड़ा है। आज इसका मूल्य लगभग 418 अरब डॉलर में है। हमें लगता है कि इ-कॉमर्स की सबसे बड़ी कंपनी एमेजॉन है, अगर खरीदारी और मुनाफे की बात करें तो अलीबाबा, ईबे और एमेजॉन दोनों को मिला भी दें तो भी उनसे कहीं आगे है। अलीबाबा चीन की सबसे बड़ी कंपनियों में से एक है और दुनिया की दस सबसे बड़ी कंपनियों में आती है। लगभग पंद्रह साल तक अलीबाबा ने किसी का भी ध्यान आकर्षित नहीं किया, लेकिन 2014 में अलीबाबा को दुनिया का सबसे बड़ा आई.पी.ओ. देने का सौभाग्य प्राप्त हुआ और इसके साथ ही उसने दुनिया में अपने नाम को स्थापित कर दिया। अलीबाबा का सबसे बड़ा बाजार चीन में है। वहाँ की ऑनलाइन फुटकर बिक्री का अस्सी प्रतिशत बाजार अलीबाबा के पास है। अलीबाबा केवल इ-कॉमर्स तक सीमित नहीं है। यह विभिन्न क्षेत्रों में विस्तार कर चुका है, जैसे फुटकर बिक्री, इंटरनेट, कृत्रिम सूचना-तंत्र, प्रौद्योगिकी इत्यादि और यह दुनिया भर की कंपनियों में निवेश कर रहा है। अभी अलीबाबा में लगभग 15 प्रतिशत शेयर याहू का, 30 प्रतिशत शेयर सॉफ्टबैंक का और लगभग 7 प्रतिशत शेयर्स जैक मा के पास हैं। अलीबाबा एक विशाल इ-कॉमर्स समूह

है, जो क्रेताओं-विक्रेताओं को एक मंच प्रदान करता है और उनके उत्पाद तथा सेवाओं की विस्तृत शृंखला एक-दूसरे के सामने व्यापार के लिए प्रस्तुत करता है। कहा जा सकता है कि आधुनिक अर्थव्यवस्था में अलीबाबा चीन को एक बुनियादी ढाँचा प्रदान करता है।

(क) alibaba.com

अलीबाबा डॉट कॉम दुनिया का सबसे बड़ा बी-टू-बी (बिजनेस-टू-बिजनेस करनेवाला) मंच है। यह दुनिया के लिए विश्व व्यापार का सबसे बड़ा थोक बाजार है, जो 240 से अधिक देशों और क्षेत्रों में आयात और निर्यात को जोड़ता है। यह अलीबाबा समूह की प्रमुख वेबसाइट है। यह वेबसाइट उपभोक्ताओं की बजाय थोक व्यापारियों को जोड़ती है। अलीबाबा पर अपना उत्पाद और सेवा देनेवाला व्यापारी किसी भी देश का हो सकता है; जैसे—भारत, पाकिस्तान, बांग्लादेश, थाईलैंड आदि। इन देशों में उत्पादन अधिक होता है। व्यापारी अपने उत्पाद को थोक में अलीबाबा के जरिए दुनिया के किसी भी व्यापारी को बेच सकता है। इसका निर्माण न केवल चीन के लिए बल्कि दुनिया भर के क्रेता और विक्रेताओं को जोड़ने के लिए किया गया और यह चीन की सबसे पहली वैश्विक इंटरनेट कंपनी है। अधिकतर अलीबाबा डॉट कॉम का तात्पर्य केवल चीनी निर्यात से समझा जाता है, लेकिन इसके निर्यातक और विक्रेता दुनिया भर में हैं। चाहे ग्राहक फ्रांस का हो और खरीदार पाकिस्तान का तो वह भी अलीबाबा डॉट कॉम का उपयोग कर सकता है। पिछले आई.पी.ओ. के आँकड़ों के अनुसार लगभग एक लाख बीस हजार से अधिक लोगों ने अलीबाबा डॉट कॉम की मुफ्त सेवाओं का लाभ उठाया है।

अलीबाबा डॉट कॉम दुनिया का सबसे बड़ा बी-टू-बी (बिजनेस-टू-बिजनेस करनेवाला) मंच है। यह दुनिया के लिए विश्व व्यापार का सबसे बड़ा थोक बाजार है, जो 240 से अधिक देशों और क्षेत्रों में आयात और निर्यात को जोड़ता है। यह अलीबाबा समूह की प्रमुख वेबसाइट है।

(ख) 1688.com

यह बी–टू–बी (business-to-business) में मदद करता है। दुनिया के मंच पर 1688 डॉट कॉम को बहुत कम लोग जानते हैं, लेकिन यह अलीबाबा की प्रमुख वेबसाइटों में से एक है और चीन की अर्थव्यवस्था का अभिन्न अंग है। 1688 डॉट कॉम चीनी घरेलू व्यापार के लिए सबसे बड़ा थोक बाजार है। जो लाखों छोटे और मझले निर्माताओं को एक मंच प्रदान करता है। इसके सदस्य उत्पादों को डाल सकते हैं और चैट के जरिए एक–दूसरे से बात कर सकते हैं। अलीबाबा ने इसकी शुरुआत 1999 में की। यह सदस्यता पर आधारित सेवा है, जिसमें सदस्यों को वार्षिक शुल्क देना होता है और आप इसके प्रमुख सदस्य भी हो सकते हैं। साइट पर विज्ञापन दिखाने के लिए विक्रेता द्वारा भुगतान किया जाता है। इस वेबसाइट में विक्रेता अपना सामान चीनी खरीदारों को बेचते हैं। अलीबाबा डॉट कॉम में कंपनी अधिकारी अपना उत्पाद विदेशी व्यापारियों को भी बेच सकते हैं, लेकिन 1688.कॉम में किसी भी देश के व्यापारी अपना सामान थोक में केवल चीनी व्यापारियों को बेच सकते हैं।

> ***यह बी–टू–बी (business-to-business) में मदद करता है। दुनिया के मंच पर 1688 डॉट कॉम को बहुत कम लोग जानते हैं, लेकिन यह अलीबाबा की प्रमुख वेबसाइटों में से एक है और चीन की अर्थव्यवस्था का अभिन्न अंग है।***

(ग) Taobao.com

तोबाओ डॉट कॉम की शुरुआत 2003 में हुई थी। तोबाओ का चीनी भाषा में अर्थ होता है, खजाना ढूँढ़ना। तोबाओ दुनिया की सबसे बड़ी इ–कॉमर्स वेबसाइट है और उसमें एक अरब से भी अधिक उत्पाद सूचीबद्ध हैं। अलीबाबा के आई.पी.ओ. के समय एलेक्सा डॉट कॉम ने इसे दुनिया में सबसे ज्यादा देखी जानेवाली वेबसाइटों में शामिल किया था। 10 करोड़ से

भी अधिक लोग हर दिन तोबाओ पर अपने उत्पादों और सेवाओं का आयात-निर्यात करते हैं, अगर तोबाओ को उसकी सहायक साइट टी मॉल के साथ प्रस्तुत किया जाए तो चीन का 80 प्रतिशत ऑनलाइन व्यापार इन्हीं दो साइट्स से होता है। तोबाओ चीन की रोजमर्रा की जिंदगी का एक हिस्सा है। जहाँ आप किराने से लेकर फैशन, सिनेमा टिकट से लेकर साज-सज्जा का प्रत्येक सामान खरीद सकते हैं, जैसे-जैसे चीन उन्नति कर रहा है और जिस तेजी के साथ उसके उपभोक्ता स्मार्टफोन का इस्तेमाल कर रहे हैं, उसी के साथ-साथ तोबाओ के मोबाइल एप में भी भारी मात्रा में बिक्री और खरीद दर्ज की गई है। यदि ईबे और तोबाओ की तुलना की जाए तो ईबे की तुलना में तोबाओ चीनी अर्थव्यवस्था में बहुत बड़ी भूमिका निभाता है। ईबे का एक नीलामी साइट के रूप में अधिक प्रयोग किया जाता है, लेकिन तोबाओ पर अधिकांश नए उत्पाद एक निश्चित मूल्य पर बेचे जाते हैं। तोबाओ ने प्रभावी ढंग से क्रेता और विक्रेताओं को अपना माल ऑनलाइन बेचने के लिए एक बड़ा बाजार उपलब्ध कराया है। इसके साथ ही सुविधा, संचार और विश्वास का निर्माण करनेवाली रेटिंग प्रणाली को और सशक्त बनाकर ऑफलाइन खरीदारों के अनुभवों को भी सुधारा है। तोबाओ वेबसाइट केवल एक वेबसाइट नहीं है, वहाँ आपको चीनी उपभोक्ताओं की स्थानीय संस्कृति की झलक मिलेगी। तोबाओ के वेब पृष्ठ पश्चिमी वेबसाइट पृष्ठों की तुलना में अधिक चमकदार और प्रफुल्लित करनेवाले कार्टून से भरे हुए हैं। यदि तुलना की जाए तो ईबे संयुक्त राज्य अमेरिका की एक शांत सड़क की तरह है, लेकिन तोबाओ शंघाई के अत्यधिक व्यस्त चौराहे की तरह है। तोबाओ वेबसाइट ने अपने अस्तित्व

ईबे का एक नीलामी साइट के रूप में अधिक प्रयोग किया जाता है, लेकिन तोबाओ पर अधिकांश नए उत्पाद एक निश्चित मूल्य पर बेचे जाते हैं। तोबाओ ने प्रभावी ढंग से क्रेता और विक्रेताओं को अपना माल ऑनलाइन बेचने के लिए एक बड़ा बाजार उपलब्ध कराया है।

में आते ही चीनी लोगों की खरीदारी करने की आदत पर गहरा प्रभाव छोड़ा। तोबाओ में ऐसी बहुत सी विशेषताएँ हैं, जो पश्चिमी वेबसाइट्स से अलग हैं, यहाँ खरीदार तुरंत ही विक्रेता से प्रत्यक्ष बातचीत शुरू कर सकता है, क्योंकि चीनी खरीदारी संस्कृति की यह विशेषता है कि चीनी खरीदार कुछ भी खरीदने से पहले रिश्तों को महत्त्व देते हैं। ईबे की नीलामी में कीमतें नीचे से शुरू होकर ऊपर तक जाती हैं, लेकिन तोबाओ की कीमतें अकसर ऊँचे से शुरू होकर नीचे आती हैं। तोबाओ की मोलभाव की यही भूमिका उसे महत्त्वपूर्ण बनाती है कि वह ऑनलाइन खरीदारों और विक्रेताओं के बीच विश्वास स्थापित करता है, लेकिन ईबे पर खरीदारी के बाद ही खरीदार को विक्रेताओं को रेटिंग देने की अनुमति होती है।

अली पे के साथ मिलकर तोबाओ ने चीन में छोटे व्यवसायों के लिए रेटिंग की सुविधा प्रदान की, जो खरीदारों के लिए जानकारी का स्त्रोत है। तोबाओ का मुद्रीकरण तंत्र इसे पश्चिमी समकक्षों से अलग करता है।

अली पे के साथ मिलकर तोबाओ ने चीन में छोटे व्यवसायों के लिए रेटिंग की सुविधा प्रदान की, जो खरीदारों के लिए जानकारी का स्त्रोत है। तोबाओ का मुद्रीकरण तंत्र इसे पश्चिमी समकक्षों से अलग करता है। तोबाओ में प्रत्यक्ष लेन-देन नहीं किया जाता, बल्कि तोबाओ अपने विक्रेताओं को बढ़ावा देने के तरीके सुधाकर उनसे पैसे बनाता है, जैसे यह प्रीमियम स्टोर फ्रंट, कीवर्ड विज्ञापन और अन्य विज्ञापन अवसरों के माध्यम से पैसे बनाता रहा है। तोबाओ ने धीरे-धीरे अपना शुल्क लेना शुरू किया। पहले उसने ग्राहकों के साथ अपने संबंधों को मजबूत बनाया और खुद से संबंधित अन्य सेवाएँ जैसे टी-मॉल और अली पे को स्थापित किया, जिसके जरिए वह अपनी आमदनी को और अधिक बढ़ा सका।

तोबाओ सी-टू-सी (कस्टमर-टू-कस्टमर) व्यापार के लिए अधिक प्रयोग किया जाता है। यहाँ कोई भी व्यक्ति अपना ऑनलाइन व्यापार शुरू कर सकता है। यदि आपको कोई भी चीज ऑनलाइन बेचनी है तो आप तोबाओ

में अपनी दुकान खोल सकते हैं। 60 करोड़ से भी अधिक लोग हर महीने तोबाओ की वेबसाइट पर आते हैं।

(घ) Tmall.com

यह कहना गलत नहीं होगा कि चीन में इ-कॉमर्स का विकास तब हुआ, जब छोटे उद्यमियों ने अपनी दुकानें तोबाओ पर खोलीं। छोटे व्यापारियों के लिए इंटरनेट बहुत लाभदायक था, क्योंकि इ-कॉमर्स के जरिए उन्होंने चीन भर से खरीदारों को अपनी ओर आकर्षित किया। छोटे फुटकर विक्रेताओं ने इ-कॉमर्स पर जल्दी ही अपने खरीदारों से संबंध स्थापित कर लिये थे, जो किसी बड़े ब्रांड या बड़े फुटकर विक्रेता की तुलना में कहीं अधिक थे। बड़े फुटकर विक्रेता और ब्रांड का ध्यान इस तरफ नहीं था। उनके लिए इ-कॉमर्स के जरिए होनेवाली बिक्री उनकी पूरी बिक्री का बहुत कम प्रतिशत थी, लेकिन जब तोबाओ को चीन का सबसे बड़ा ऑनलाइन बाजार घोषित किया गया, तब उसने बड़े फुटकर विक्रेताओं और ब्रांड्स को अपनी ओर आकर्षित किया।

यह कहना गलत नहीं होगा कि चीन में इ-कॉमर्स का विकास तब हुआ, जब छोटे उद्यमियों ने अपनी दुकानें तोबाओ पर खोलीं। छोटे व्यापारियों के लिए इंटरनेट बहुत लाभदायक था, क्योंकि इ-कॉमर्स के जरिए उन्होंने चीन भर से खरीदारों को अपनी ओर आकर्षित किया।

यही वह समय था, जब ग्राहक छोटे फुटकर विक्रेताओं की सेवा से संतुष्ट नहीं थे, क्योंकि किसी अनजान शहर की छोटी सी गली की दुकान से कोई सामान खरीदना उन्हें इतना सुरक्षित नहीं लगता था। वे चाहते थे कि वे किसी ऐसी जगह से सामान खरीदें, जिसका नाम हो। बाजार में जिसकी विश्वसनीयता की साख हो। ऐसी परिस्थितियों को ध्यान में रखते हुए अलीबाबा ने टी मॉल की स्थापना की। 2008 में इसे तोबाओ के एक हिस्से के रूप में से खोला गया, लेकिन 2011 में इसे स्वतंत्र इकाई के रूप में स्थापित कर दिया गया। 30 जून,

2014 के आँकड़ों के अनुसार 1,10,000 प्रांत इसमें सूचीबद्ध थे।

यह तोबाओ के बाद चीन का दूसरा सबसे बड़ा इ-कॉमर्स व्यवसाय है। इसमें चीनी और अंतरराष्ट्रीय कंपनियाँ ब्रांडेड सामान बेचती हैं। तोबाओ पर कोई भी कुछ भी सामान बेच सकता है, लेकिन 'टी मॉल' केवल ब्रांडेड सामानों के लिए इस्तेमाल किया जाता है। यदि तोबाओ को किसी कबाड़ी की दुकान की तरह प्रकाशित किया जाएगा, जिस पर अच्छे-से-अच्छा और बुरे-से-बुरा सामान बिकता है; तो टी मॉल को किसी बड़े मॉल में स्थापित ऐसी दुकान के रूप में परिभाषित किया जाएगा, जो चमकदार और साफ-सुथरी है और आपकी सुविधा के लिए वहाँ कर्मचारियों की लंबी कतार है। दुनिया के बड़े-बड़े ब्रांड जैसे नाइकी, एप्पल, गैप, सैमसंग, नोकिया रीबॉक इत्यादि। ये सभी अपना सामान टी मॉल के द्वारा चीन में बेचते हैं। मुद्रीकरण एक प्रमुख लाभ है, जो अलीबाबा को टी मॉल के जरिए प्राप्त होता है। तोबाओ से होनेवाली कमाई किसी कर की तरह लग सकती है, जो व्यापारियों पर किसी शुल्क की तरह लगाया जाता है, लेकिन टी मॉल पर बड़े ब्रांड और बड़े फुटकर विक्रेता अपनी कमाई का 5 प्रतिशत खुश होकर देते हैं। उनके लिए 5 प्रतिशत जैसी छोटी रकम के बदले उन्हें एक बड़ा बाजार प्राप्त होता है। आज टी मॉल विदेशी ब्रांड्स के लिए चीन के बाजार तक पहुँचने का एक प्रमुख जरिया बन चुका है। टी मॉल एक बी-टू-सी (बायर-टू-कस्टमर) मंच है और चीन के बी-टू-बी ऑनलाइन खुदरा

> ***यदि तोबाओ को किसी कबाड़ी की दुकान की तरह प्रकाशित किया जाएगा, जिस पर अच्छे-से-अच्छा और बुरे-से-बुरा सामान बिकता है; तो टी मॉल को किसी बड़े मॉल में स्थापित ऐसी दुकान के रूप में परिभाषित किया जाएगा, जो चमकदार और साफ-सुथरी है और आपकी सुविधा के लिए वहाँ कर्मचारियों की लंबी कतार है। दुनिया के बड़े-बड़े ब्रांड जैसे नाइकी, एप्पल, गैप, सैमसंग, नोकिया रीबॉक इत्यादि।***

बाजार में उनका शेयर करीब 47 प्रतिशत है। हर महीने टी मॉल को करीब 50 करोड़ लोग इस्तेमाल करते हैं।

(च) Etao.com

यह ऑनलाइन शॉपिंग के लिए एक सर्च इंजन और तुलनात्मक अध्ययन हेतु प्रचलित वेबसाइट है। इसमें आप ऑनलाइन व्यापारिक वेबसाइट, जैसे एमेजॉन, तोबाओ, टी मॉल, नाइकी चाइना आदि के उत्पाद खोज सकते हैं, उनकी बिक्री के बारे में पता लगा सकते हैं। यदि इन उत्पादों में कोई कूपन उपलब्ध है तो आप इस वेबसाइट के जरिए यह खोज सकते हैं।

(छ) AliExpress.com

अलीबाबा ने अली एक्सप्रेस की स्थापना कर पहली बार अंतरराष्ट्रीय बाजार में चीनी विक्रेताओं को अंतरराष्ट्रीय उपभोक्ताओं से सीधा संपर्क स्थापित करने का अवसर प्रदान किया है। अली एक्सप्रेस की शुरुआत 2010 में हुई थी। यह वेबसाइट थोक विक्रेता और निर्माताओं से थोक कीमतों पर उत्पादों की एक विस्तृत विविधता प्रस्तुत करता है। 2014 में इसकी वार्षिक बिक्री 4.5 अरब अमेरिकी डॉलर थी। अली एक्सप्रेस रूस की सबसे ज्यादा बिक्री करनेवाली ई कॉमर्स कंपनी है। अली एक्सप्रेस तोबाओ की तरह ही अंतरराष्ट्रीय स्तर पर काम करती है। तोबाओ में व्यापारी अपना सामान चीनी उपभोक्ता को बेचते हैं, जबकि अली एक्सप्रेस में व्यापारी अपना सामान विदेशी उपभोक्ता को बेचते हैं। चीनी उपभोक्ता अली एक्सप्रेस से अपना सामान नहीं खरीद सकते।

> *अलीबाबा ने अली एक्सप्रेस की स्थापना कर पहली बार अंतरराष्ट्रीय बाजार में चीनी विक्रेताओं को अंतरराष्ट्रीय उपभोक्ताओं से सीधा संपर्क स्थापित करने का अवसर प्रदान किया है। अली एक्सप्रेस की शुरुआत 2010 में हुई थी।*

इन सभी वेबसाइट्स के काम को एक उदाहरण के तौर पर समझ सकते हैं; मान लीजिए, आपकी फैक्टरी मोबाइल का स्क्रीन प्रोटेक्टर बनाती है। एक

दिन में आप हजार मोबाइल प्रोटेक्टर बनाते हैं। ऐसी स्थिति में आप कई हजार स्क्रीन प्रोटेक्टर थोक में अंतरराष्ट्रीय खरीदारों को बेच सकते हैं, अगर आप अपना स्क्रीन प्रोटेक्टर थोक में किसी चीनी ग्राहक को बेचना चाहते हैं तो आप 1688.com का इस्तेमाल करेंगे। मान लीजिए, किसी ने आपसे हजार स्क्रीन प्रोटेक्टर खरीदे तो वह तोबाओ में अपनी दुकान खोलकर एक-एक स्क्रीन प्रोटेक्टर चीनी उपभोक्ताओं को बेच सकता है। यदि उस खरीदार को स्क्रीन प्रोटेक्टर अंतरराष्ट्रीय उपभोक्ताओं को बेचना है तो वह अली एक्सप्रेस का इस्तेमाल करेगा, अगर आप ब्रांडेड स्क्रीन प्रोटेक्टर बनाते हैं और आपका ब्रांड प्रसिद्ध है तो आप 'टी मॉल' का इस्तेमाल कर उसे चीनी उपभोक्ताओं को बेच सकते हैं।

टी मॉल के द्वारा सिंगल डे की शुरुआत की गई, जो हर साल 11 नवंबर को मनाया जाता है। इसे 2009 में शुरू किया गया था। इस दिन उपभोक्ताओं को उत्पाद पर विशेष छूट दी जाती है। आज 'सिंगल डे' चीन में बहुत प्रसिद्ध है। 2018 के आँकड़ों के अनुसार 2018 में सिंगल डे वाले दिन अलीबाबा ने एक दिन में 30.8 अरब डॉलर के सामान बेचे हैं। अलीबाबा ने सिंगापुर में स्थापित 'लजाड़ा' में भी अपना निवेश किया है। लजाड़ा समूह मलेशिया, थाईलैंड, वियतनाम, फिलिपींस, सिंगापुर, इंडोनेशिया इन सभी देशों में है। अलीबाबा के पास उसके 83 प्रतिशत शेयर हैं।

टी मॉल के द्वारा सिंगल डे की शुरुआत की गई, जो हर साल 11 नवंबर को मनाया जाता है। इसे 2009 में शुरू किया गया था। इस दिन उपभोक्ताओं को उत्पाद पर विशेष छूट दी जाती है। आज 'सिंगल डे' चीन में बहुत प्रसिद्ध है। 2018 के आँकड़ों के अनुसार 2018 में सिंगल डे वाले दिन अलीबाबा ने एक दिन में 30.8 अरब डॉलर के सामान बेचे हैं

(ज) आंट फाइनेंस सर्विस ग्रुप

आंट फाइनेंस सर्विस ग्रुप को 2014 में शुरू किया गया। इसके अंदर 'अली पे' के अतिरिक्त उससे संबंधित बहुत सी फाइनेंस क्रेडिट सर्विस काम करती हैं। यह छोटे कारोबारियों के लिए कार्य करता है। जिन्हें सरकारी बैंकों द्वारा उपेक्षित किया जाता रहा है, इसीलिए इसका नाम 'आंट' है। अली पे इसकी सबसे प्रसिद्ध इकाई है, जो दुनिया का तीसरे नंबर का सबसे बड़ा ऑनलाइन भुगतान करनेवाला मंच है। जिसका वार्षिक लेन-देन लगभग एक खरब डॉलर है। घरेलू चीन के लेन-देन के साथ-साथ विदेशी लेन-देन में लगे क्रेता और विक्रेताओं के लिए भी अली पे प्रत्यक्ष और एस्ट्रो आधारित भुगतान प्रदान करने की सुविधा प्रदान करता है। यह तीसरे पक्ष के व्यापारियों के लिए भी लेन-देन की सुविधा प्रदान करता है। इसके अलावा यह बहुत से क्रेडिट कार्ड, ऑनलाइन कंज्यूमर लोन सर्विसेज जैसी सुविधाएँ भी प्रदान करता है।

> ***'अली पे' की शुरुआत 2004 में हुई थी। यह ऑनलाइन भुगतान मंच के साथ-साथ सबसे बड़ा मोबाइल भुगतान मंच भी है। चीन में उसका लगभग 54 प्रतिशत बाजार शेयर है, जिसका चीन में मूल्य 5.5 खरब डॉलर है। अली पे की विशेषता है कि यह ऐस्को सेवाएँ प्रदान करता है।***

(झ) Alipay.com

'अली पे' की शुरुआत 2004 में हुई थी। यह ऑनलाइन भुगतान मंच के साथ-साथ सबसे बड़ा मोबाइल भुगतान मंच भी है। चीन में उसका लगभग 54 प्रतिशत बाजार शेयर है, जिसका चीन में मूल्य 5.5 खरब डॉलर है। अली पे की विशेषता है कि यह ऐस्को सेवाएँ प्रदान करता है। जिस सेवा के अंतर्गत आप जो भी सामान खरीदते हैं तो आपका पैसा सीधा विक्रेता के पास नहीं जाता। वह अली पे के पास रहता है, फिर विक्रेता आपको सामान भेजता है, अगर आपको सामान पसंद आता है और आप उससे खुश होते हैं, तभी अली पे वह पैसे विक्रेता को भेजता है, वरना वह पैसे आपको

वापस कर दिए जाते हैं। अली पे का अपना एप है, जिसकी सहायता से आप क्रेडिट कार्ड बिल दे सकते हैं। ट्रेन का टिकट, बस का टिकट खरीद सकते हैं। खाना ऑर्डर कर सकते हैं। पानी का बिल, बिजली का बिल अदा कर सकते हैं और दुकानों पर क्यूआर कोड स्कैन करके भुगतान कर सकते हैं। अली पे की मोबाइल सेवा 'अली पे वॉलेट' तेजी से चीन में विकास कर रही है। जिसने बहुत जल्दी नकदी की जगह ले ली है। लोग क्यूआर कोड स्कैन करके ऑफलाइन दुकानों, वेंडिंग मशीन, टैक्सियों, सिनेमा—सभी जगह अली पे वॉलेट का इस्तेमाल कर रहे हैं और अब यह वॉलेट चीन के लोगों की रोजमर्रा की जिंदगी का हिस्सा बन चुका है। अली पे भारत में प्रचलित पेटीएम की तरह काम करता है।

जब चीनी राज्य संचालित बैंकों ने आंट फाइनेंस सर्विस ग्रुप को लघु-सूक्ष्म वित्तीय सेवाओं की अनुमति दी तो उसने पश्चिम में पे पैल जैसी भुगतान प्रणालियों से अधिक आक्रामक रूप से काम किया। कंपनी ने 2013 में मुद्रा बाजार कोष Yu'e Bao की स्थापना की। यह दुनिया का सबसे बड़ा मुद्रा बाजार फंड है।

जब चीनी राज्य संचालित बैंकों ने आंट फाइनेंस सर्विस ग्रुप को लघु-सूक्ष्म वित्तीय सेवाओं की अनुमति दी तो उसने पश्चिम में पे पैल जैसी भुगतान प्रणालियों से अधिक आक्रामक रूप से काम किया। कंपनी ने 2013 में मुद्रा बाजार कोष Yu'e Bao की स्थापना की। यह दुनिया का सबसे बड़ा मुद्रा बाजार फंड है। यह एक तरह का म्यूचूअल फंड है, जिसमें करीब 270 लाख लोगों ने अपने अकाउंट बनाए हैं और यह करीब 211 अरब डॉलर सँभालता है। 2013 में इसने 125 लाख उपभोक्ताओं को अपनी ओर आकर्षित किया और उपभोक्ताओं ने इस फंड में 570 अरब डॉलर निवेश किए।

(ट) मीडिया और मनोरंजन

एक इ-कॉमर्स कंपनी का मनोरंजन की तरफ सुझाव थोड़ा अटपटा

लगता है, लेकिन जैक को ध्यान में रखते हुए अगर हम इस बात को सोचें तो यह आश्चर्य नहीं होगा, क्योंकि यह जैक के खून में है, जो उन्हें विरासत में मिला। उनके पिता एक कलाकार थे। संभव है, इसी के चलते अलीबाबा मीडिया और मनोरंजन में बड़े कदम उठा रहा है। वीडियो शेयरिंग साइट youku tudou में निवेश करने के साथ-साथ अलीबाबा ने फिल्म प्रोडक्शन कंपनी अलीबाबा पिक्चर्स की स्थापना की है, अगर हम गौर से देखें तो इसमें जैक की दूरदर्शिता दिखाई देती है। एक तरह से मीडिया और मनोरंजन भी इ-कॉमर्स की तरह ऑनलाइन बिकनेवाला एक उत्पाद ही है। आज ऑनलाइन केवल उत्पादों को ही नहीं बेचा जाता, बल्कि मनोरंजन भी ऑनलाइन खरीदारी का एक बड़ा बाजार बन चुका है, फिर बात पुस्तकों, फिल्मों, टिकट, वीडियो गेम्स की क्यों न हो, सबकुछ डिजिटल बाजार में तेजी के साथ बिक रहा है। मनोरंजन का क्षेत्र जैक मा के लिए पूरी तरह से नया नहीं है। वे 'हूआई ब्रदर्स मीडिया' के निदेशक मंडल में सदस्य रहे हैं। जैक मा ने टिप्पणी की थी, "चीन के लोगों की जेब बड़ी हो रही है, लेकिन उनका दिमाग खाली है।" यह कदम बिना सोचे-समझे नहीं उठाया गया है, बल्कि योजना के तहत जैक ने यह निर्णय लिया, क्योंकि चीन के पास दुनिया का दूसरा सबसे बड़ा बॉक्स ऑफिस है और फिल्म निर्माण एक बड़ा कारोबार बनकर उभरा है, जो एक मोटी कमाई का प्रमुख साधन है। अगर मुनाफे की बात नहीं भी की जाए तो व्यक्तिगत रूप से भी जैक मनोरंजन से जुड़े रहना चाहते हैं। वे मानते हैं कि "इ-कॉमर्स लोगों के पर्स को प्रभावित करता है, लेकिन फिल्म जगत् लोगों के दिमाग को प्रभावित करता है।"

अगर मुनाफे की बात नहीं भी की जाए तो व्यक्तिगत रूप से भी जैक मनोरंजन से जुड़े रहना चाहते हैं। वे मानते हैं कि "इ-कॉमर्स लोगों के पर्स को प्रभावित करता है, लेकिन फिल्म जगत् लोगों के दिमाग को प्रभावित करता है।"

(ठ) अन्य फुटकर सेवाएँ

क्लाउड कंप्यूटिंग और इंटेलिजेंस टेक्नोलॉजी में अलीबाबा का अपना अलीबाबा क्लाउड है। उनका अली जीनी है, जो एक खुला मंच है, जो अलीबाबा के निजी सहायक के रूप में काम करता है। अलीबाबा का अपना अली म्यूजिक है। अलीबाबा का अपना अली स्पोर्ट्स है। अलीबाबा ने ग्वांग्झू फुटबॉल टीम, एवग्रांडे में लगभग बीस करोड़ अमेरिकी डॉलर निवेश किए हैं। अलीबाबा का अपना मैसेजिंग एप है। अलीबाबा ने साउथ चाइना मॉर्निंग पोस्ट को $265 लाख डॉलर में खरीदा है। इसका यू सी वेब भी है, जिसके अंदर यूसी ब्राउजर भी आता है, जिससे आप अपने फोन में इंटरनेट ब्राउजर खोल सकते हैं। अलीबाबा का अपना 9Apps, 9 गेम्स भी है, जिससे आप ऑनलाइन गेम खेल सकते हैं और इसका अपना यूसी न्यूज भी है। ये सभी अलीबाबा की प्रमुख कंपनियाँ हैं। इसके अतिरिक्त और भी कई छोटी-छोटी कंपनियाँ हैं, जो अलीबाबा परिवार के अंतर्गत आती हैं। अलीबाबा ने दुनिया भर की कंपनियों में निवेश किया हुआ है, जैसे टोकोपीडिया, जोमैटो, स्नैपडील, बिग बास्केट, पेटीएम आदि।

□

12

अलीबाबा का भविष्य

आज को देखते हुए किसी का कल सुनिश्चित नहीं किया जा सकता। अलीबाबा के पंद्रह साल के आई.पी.ओ. को देखते हुए उसकी उम्र पंद्रह साल आँकी जा रही थी, लेकिन जैक के लक्ष्य बहुत बड़े थे। उन्होंने अस्सी साल के लिए अपनी कंपनी का निर्माण किया था। जिसकी सीमा अब उन्होंने बढ़ाकर 102 साल रख दी है, जो उसकी उम्र तीन शताब्दियों तक बढ़ाती है। दुनिया का सबसे बड़ा आई.पी.ओ. देना कई कंपनियों के लिए परिपक्वता की उम्र हो सकती है, लेकिन अलीबाबा अपने लक्ष्य को देखते हुए अभी अपनी किशोरावस्था में है। अपनी पूरी उम्र जीने के लिए उसके पास अभी लंबा समय बाकी है। यदि हम अलीबाबा की पिछली यात्रा को देखें तो यह कहना अपवाद नहीं होगा कि उनका भविष्य बहुत उज्ज्वल है। जब अलीबाबा समूह की स्थापना हुई तो चीन के 1.36 अरब लोग ही इंटरनेट सेवाओं का इस्तेमाल करते थे और उसमें भी ऑनलाइन खरीदारों की संख्या केवल आधी थी। जब चीन की आबादी के केवल 25 प्रतिशत जनसंख्या के 203 लाख उपभोक्ताओं ने ईबे और एमेजॉन को पीछे छोड़ दिया तो हम कल्पना कर सकते हैं कि भविष्य कैसा होगा! चीन का इ–कॉमर्स उद्योग अभी अपनी प्रारंभिक अवस्था में है; इसी के साथ अलीबाबा के बड़े होने के रास्ते और व्यापक हो जाते हैं, क्योंकि वह अपने मुख्य व्यवसाय अलीबाबा डॉट कॉम, अलीबाबा चीन, तोबाओ, टी मॉल और अली पे जैसी सुविधाओं के साथ अग्रिम है।

वर्तमान में अलीबाबा को अपने मुख्य व्यवसायों को कमजोर किए बिना अपने क्लाउड कंप्यूटिंग, लॉजिस्टिक्स, नेविगेशन और मैपिंग को और सशक्त करने की आवश्यकता होगी। इसकी आशा भी की जा सकती है, क्योंकि चीन में बड़े पैमाने पर उद्योगों को नियंत्रण मुक्त किया जा रहा है। जिसमें दो क्षेत्र प्रमुख रूप से आते हैं। पहला वित्तीय सेवाएँ, दूसरा मीडिया। वित्तीय सेवाओं में Yu'e Bao मनी मार्केट फंड ने अपनी सफलता अर्जित की है। अलीबाबा और उसकी प्रतिद्वंद्वी इंटरनेट कंपनियाँ मिलकर इ-कॉमर्स ग्राहकों को वित्तीय सेवाओं, बैंकिंग लॉन और बीमा से लेकर धन प्रबंधन तक की सुविधाएँ उपलब्ध करा सकती हैं, लेकिन अब भी यह सभी चीन के बैंकों को नियंत्रण मुक्त कर देने पर निर्भर करता है, लेकिन 2014 के बाद कुछ आशा जगी है। जब चीन के बैंकिंग नियामक आयोग ने निजी स्वामित्व वाले बैंकों की स्थापना के लिए मंजूरी दी। बैंकिंग की ही तरह 1949 में कम्युनिस्ट अधिग्रहण के बाद मीडिया पर सरकार का वर्चस्व रहा है, लेकिन इसका एक नकारात्मक प्रभाव यह है कि यह नेताओं और सरकार को संतुष्ट कर सकता है, लेकिन दर्शकों की माँग को पूरा करने में सफल नहीं है। इंटरनेट ने चीन में फिल्मों और वीडियोज को एक बड़ा मंच प्रदान किया है। सेंसरशिप भले ही राजनीतिक दबाव के बीच आकर मनोरंजन पर रोक लगाती रही है, लेकिन फिर भी चीन के मीडिया बाजार बहुत अधिक उन्मुख बन गए हैं, जिससे इंटरनेट और बड़ा हुआ है। चीन में युवाओं की लंबी कतार बढ़ रही है, जो परिवार के साथ सरकार के द्वारा प्रायोजित सामग्री को देखने की बजाय

जब चीन के बैंकिंग नियामक आयोग ने निजी स्वामित्व वाले बैंकों की स्थापना के लिए मंजूरी दी। बैंकिंग की ही तरह 1949 में कम्युनिस्ट अधिग्रहण के बाद मीडिया पर सरकार का वर्चस्व रहा है, लेकिन इसका एक नकारात्मक प्रभाव यह है कि यह नेताओं और सरकार को संतुष्ट कर सकता है, लेकिन दर्शकों की माँग को पूरा करने में सफल नहीं है।

कंप्यूटर के सामने बैठकर इंटरनेट सामग्री को देखना अधिक पसंद करती है। इसको देखते हुए अलीबाबा के सामने मीडिया और मनोरंजन का बाजार बहुत बड़ा है। अलीबाबा पिक्चर्स इसकी शुरुआत के रूप में उभरा है।

इस बात को नजरअंदाज नहीं किया जा सकता कि अलीबाबा एक वैश्विक कंपनी है। अलीबाबा का घरेलू चीनी फुटकर कारोबार चीन में शीर्ष पर है। अलीबाबा इंटरनेट कंपनी अंतरराष्ट्रीय बाजार में सबसे बड़ी इ-कॉमर्स कंपनी के रूप में दर्ज है। अलीबाबा समूह के लगभग 10 लाख उपयोगकर्ता अमरीका, 3 लाख भारत और 2 लाख ब्राजील तथा लगभग पचास हजार लोग जर्मनी में हैं। अब यह सवाल नहीं उठता कि अलीबाबा वैश्विक हो जाएगा, क्योंकि वह पहले से ही वैश्विक है, लेकिन वह अपनी सफलता को कैसे जारी रखेगा, यह उसके द्वारा उठाए गए कदम सुनिश्चित करेंगे। अलीबाबा ने सदैव ही दूसरों की गलतियों से सीखा है। यदि हम अलीबाबा को नजदीक से देखें तो उसने वे गलतियाँ नहीं दोहराईं, जो और लोगों ने दोहराईं, जैसे ईबे का अमेरिकी व्यापार तंत्र चीन के बाजार में उपयुक्त नहीं बैठता था, वैसे ही तोबाओ और टी मॉल का व्यापार तंत्र अमेरिकी बाजार में उपयुक्त नहीं बैठता। जैक यह बात बहुत अच्छे से जानते थे, इसी के चलते अलीबाबा चीनी कंपनियों को अली एक्सप्रेस के माध्यम से विदेशों में बेचने में मदद और विदेशी कंपनियों को टी मॉल के माध्यम से चीन में बेचने की सुविधा प्रदान करता है। आज अलीबाबा इस स्थिति में है कि वह अमरीकी दिग्गज कंपनियों में निवेश कर सकता है। 2003 में वह दिन था, जब एक संवाददाता ने जैक से पूछा था, "क्या वह ईबे को अपनी कंपनी बेच देंगे?" तब जैक ने कहा था, "नहीं,

इस बात को नजरअंदाज नहीं किया जा सकता कि अलीबाबा एक वैश्विक कंपनी है। अलीबाबा का घरेलू चीनी फुटकर कारोबार चीन में शीर्ष पर है। अलीबाबा इंटरनेट कंपनी अंतरराष्ट्रीय बाजार में सबसे बड़ी इ-कॉमर्स कंपनी के रूप में दर्ज है।

पर हम उसे खरीदने पर विचार कर सकते हैं।" तब यह लोगों को मजाक ही लगा होगा, अब यह सोचा जाए तो भी निरर्थक नहीं लगता।

लेकिन दौड़ यहाँ खत्म नहीं हो जाती। अलीबाबा को कुछ नया करते रहना होगा, प्रासंगिक और शक्तिशाली सेवाएँ प्रदान करते रहना होगा, जो अब तक अलीबाबा की विशेषता रही है। वह अपने क्रेता और विक्रेताओं को लगातार प्रोत्साहित करता रहा है। निश्चित तौर पर आज अलीबाबा के पास पहले से भी अधिक अवसर हैं। उसकी प्रबंधन टीम बहुत अच्छे से काम कर रही है, लेकिन नई प्रौद्योगिकी और उद्यमियों की दौड़ जारी है। शुरुआती दौर में जैक अकसर कहते हुए पाए जाते थे कि "केवल पागल ही जीवित रहते हैं।" उन्होंने उसे सच भी करके दिखाया। एक नया एप्लीकेशन एक बड़े और प्रचलित तंत्र को तुरंत विफल कर सकता है और पैदा भी कर सकता है। शुरुआती दौर में चीनी बाजार को तोबाओ को अपनाने में परेशानियों का सामना करना पड़ा, लेकिन बहुत कम समय में फुटकर विक्रेताओं ने समय के साथ तोबाओ से किनारा करते हुए खुद अपने दम पर ऑनलाइन बिक्री शुरू की। ऐसे बहुत से व्यापारी रहे, जिन्होंने तोबाओ और टी मॉल को छोड़ने के बाद अपनी वेबसाइट बनाकर, ग्राहकों से सीधा संपर्क स्थापित कर अच्छा व्यापार स्थापित किया, लेकिन तभी अलीबाबा ने टी मॉल की शुरुआत कर, विक्रेताओं और अपने उपभोक्ताओं को अधिक अनुकूलित ब्रांड अनुभव देकर उस दरार को भर दिया। इसी बीच अली पे जैसी सुविधाओं ने उपभोक्ताओं को अलीबाबा पारिस्थितिक तंत्र के अंदर रहने के लिए आकर्षित किया, इसलिए अलीबाबा को ऐसे ही उत्पाद और ब्रांड्स को लेकर चीन में सबसे अच्छा खरीदारी अनुभव प्रदान करने के लिए सभी डाटा प्रौद्योगिकी और नवाचार का उपयोग करते रहना होगा।

□

13
सरकारी रणनीतियाँ

जब चीन में सुधार और उद्घाटन की नीति की शुरुआत हुई, उस समय जियाओपिंग ने कहा था—"जब आप दरवाजा खोलेंगे तो कुछ मक्खियाँ अंदर आ जाएँगी।" और चीन ने इंटरनेट का दरवाजा खोला, क्योंकि चीनी सरकार इ-कॉमर्स से होनेवाले आर्थिक लाभों की तरफ देख रही थी, लेकिन जब इ-कॉमर्स के लिए दरवाजे खोले गए तो कुछ मक्खियाँ निश्चित रूप से अंदर आईं। जो नागरिकों के विरोध को जुटाने की क्षमता रखती थी और कम्युनिस्ट पार्टी के अधिकारों को चुनौती दे सकती थी। सरकार समाचारों, सूचनाओं और संचार विभागों को नियंत्रित करती है और इ-कॉमर्स में ऐसी मक्खियों के उभरने की संभावना अधिक होती है, जो राजनीतिक रूप से तटस्थ नहीं है। उसका प्रभाव अलीबाबा पर भी पड़ा। चीनी सरकार ने अलीबाबा पर कई बार रोक लगाने की कोशिश की, लेकिन अलीबाबा ने हर एक विफलता को सफलता में बदल दिया और चीन की सबसे बड़ी इ-कॉमर्स कंपनी के रूप में उभरा। उसका एक प्रमुख कारण था कि उसके पास उपभोक्ताओं का विश्वास था। उनके पास एक ऐसा व्यापार तंत्र था, जो उद्यमी और ग्राहकों की जरूरत के बिल्कुल अनुकूल था। इसी कारण अलीबाबा सफल रहा और आई.पी.ओ. के साथ ही अलीबाबा ने सरकार को भी अपने सामने झुकने पर मजबूर कर दिया।

आज अलीबाबा उसी स्थिति में है कि चीनी सरकार उसे 'टेलविंड' उपलब्ध कराने के पक्ष में है। भले ही अलीबाबा में विदेशी निवेशकों की

भरमार है, फिर भी मीडिया जैसे क्षेत्रों में उसे लाइसेंस देने का पक्ष मजबूत है। सरकार से बढ़ती नजदीकियों से केवल चीनी सरकार को ही बाहरी ताकतों का भय नहीं है, बल्कि जैसे-जैसे अलीबाबा चीनी सरकार के अधिक नजदीक होता जा रहा है, उसे विदेशी सरकारों से भी अपने संबंधों को बनाए रखना होगा। एक अंग्रेजी शिक्षक के तौर पर जैक मा ने हमेशा ही विदेशी और स्वदेशी सभ्यताओं के बीच पुल का काम किया है। अलीबाबा के संस्थापक के रूप में आगे भी उनसे अलीबाबा और विदेशी बाजारों के बीच ऐसा ही संतुलन बनाए रखने की आशा की जाती है।

□

14
वैश्विक प्रभाव

आज 'अलीबाबा' पूरे चीन को प्रभावित करता है, चाहे वह ग्रामीण क्षेत्र ही क्यों न हो। तोबाओ और टी मॉल ने ग्रामीण क्षेत्रों में लगभग एक लाख दुकानों की स्थापना की है। जहाँ कृषि उपज से लेकर फर्नीचर, शिल्प सबकुछ बिकता है। किसी भी देश की अर्थव्यवस्था में जब इ-कॉमर्स के पैर जमने शुरू हुए तो सबसे पहले उसने शहरी मध्यवर्ग को प्रभावित किया। वैसा ही चीन में भी हुआ, लेकिन आज इ-कॉमर्स रोजगार के बहुत से अवसर प्रदान कर रहा है। आज चीन के गाँवों में रहनेवाले लगभग 10 प्रतिशत से अधिक परिवार इ-कॉमर्स से जुड़े हैं। गाँव में कुल इ-कॉमर्स लेन-देन की मात्रा 1.6 लाख अमेरिकी डॉलर प्रतिवर्ष से अधिक है। इ-कॉमर्स को ग्रामीण विकास की दृष्टि से देखा जाए तो इसे क्रांति कहा जाएगा, क्योंकि जब एक प्रतिभाशाली शिक्षित युवा वर्ग शहरों में अपने लिए अवसर ढूँढ़ रहा था, तब एक इ-कॉमर्स ने उसे अपने ही गाँव में रखकर रोजगार के अवसर प्रदान किए। आज विकासशील देश अलीबाबा के उदाहरण से सीख सकते हैं और ऐसा हो भी रहा है। आज उभरती हुई कई इ-कॉमर्स कंपनियाँ खुद को अलीबाबा की तरह देख रही हैं, जैसे नाइजीरिया में कोंगा डॉट कॉम, भारत में फ्लिपकार्ट, इंडोनेशिया में टोकोपीडिया। यह कहना गलत नहीं होगा कि पिछले सालों की अगुआई पश्चिमी ने की हो, लेकिन अगले सालों की अगुआई पूर्वी इ-कॉमर्स करेगा, अब तक चीन को एक इंटरनेट अनुकरणकर्ता के रूप में जाना जाता था, लेकिन अब यह तेजी से इ-वाणिज्य प्रवर्तक के

रूप में अपने पैर जमा रहा है। अलीबाबा दुनिया भर के इ-कॉमर्स उद्यमियों के लिए प्रेरणा बन गया है, अब अलीबाबा लंबे समय तक सफल हो या न हो, लेकिन यह हमेशा माना जाएगा कि अलीबाबा ने एक नए व्यापार-तंत्र को विकसित किया, जो विकासशील बाजारों की स्थानीय परिस्थितियों को बेहतर समझता है। अलीबाबा ने दिखाया कि इ-कॉमर्स उद्यमी वाणिज्य के लिए एक विश्वसनीय पारिस्थितिक तंत्र बना सकते हैं, जहाँ सरकार है और संस्थान लगभग असफल रहे हैं। एक समय था, जब चीन को सबसे अच्छे सस्ते माल के निर्यातक के रूप में जाना जाता था, लेकिन आज चीन का सबसे बड़ा एक्सपोर्ट अलीबाबा इ-कॉमर्स के अपने स्वर्णिम युग में प्रवेश कर रहा है। चीन की आबादी के आधार पर वहाँ करीब 55 प्रतिशत, यानी 800 लाख लोग इंटरनेट का उपयोग कर रहे हैं। आँकड़ों के हिसाब से यदि हम इंटरनेट के उपयोग का आकलन करें तो वहाँ अभी करीब चालीस प्रतिशत लोग इंटरनेट से दूर हैं, इसलिए कहा जा सकता है कि वहाँ अभी इंटरनेट का विकास होना बाकी है; इसी के साथ अलीबाबा और बड़े होने की उम्मीद और मजबूत हो जाती है।

□

15

जैक मा की सफलता के रहस्य

आज हम अलीबाबा की ओर देखते हैं तो पाते हैं कि जैक मा चाहे साधारण प्रवृत्ति के व्यक्ति रहे हैं, लेकिन उनके लक्ष्य बड़े थे, जिनके पीछे उनकी दूरदर्शिता और योजनाएँ काम करती हैं। उन्होंने हमेशा अपने लिए असाधारण लक्ष्य निर्धारित किए और उनका पीछा किया, चाहे बात 'ईबे' को टक्कर देने की हो या अलीबाबा की उम्र तीन शताब्दी तक स्थापित करने की। जैक मा ने कहा, "यदि आप कल्पना नहीं कर सकते तो उस कल्पना को कभी भी हकीकत में नहीं बदल पाएँगे।" जैक मा ने न केवल निर्धारित लक्ष्यों को प्राप्त किया, बल्कि उन्होंने कभी भी अपने प्रतियोगी को अधिक नहीं आँका। ईबे एक बड़ा नाम था जो हांगझोऊ में चलनेवाली एक छोटी सी कंपनी को बहुत आराम से हरा सकता था, लेकिन जैक ने कभी भी ईबे को अपने ऊपर हावी नहीं होने दिया। एक बात जो उनके व्यवहार से देखने और सीखने को मिलती है, वह यह है कि जितना जरूरी यह है कि हम अपने आप को किसी से कम न समझें, इतना जरूरी यह भी होता है कि हम दूसरे को वास्तविकता से अधिक न समझें। जैक ने अपनी कंपनी का निर्माण 102 साल के लिए किया, जो अपने कर्मचारियों और प्रबंधकों को बहुत दूर तक बने रहने के लिए प्रेरित करता है। छोटे लक्ष्य केवल तिमाही होते हैं, लेकिन जैक ने सदियों तक के लिए लक्ष्य निर्धारित किए। चीन में इ-कॉमर्स के लिए पैर जमाना पश्चिम की तुलना में अधिक कठिन था, फिर वह सरकार हो या ग्राहकों का विश्वास, जैक ने अपने धैर्य का परिचय दिया और न केवल इ-कॉमर्स के ढाँचे को चीन में तैयार किया, बल्कि एक बाजार का एक बहुत बड़ा हिस्सा अलीबाबा ने

अपने नाम कर लिया। जैक के सबसे प्रसिद्ध वाक्यों में से एक है, "यदि आप एक भेड़िया हैं और एक खरगोश का पीछा कर रहे हैं तो खरगोश पर ध्यान केंद्रित करने के साथ-साथ यह भी जरूरी है कि आप खरगोश को पकड़ने के लिए खुद को बदलें। खरगोश को बदलने की न सोचें।" जैक मा ने हमेशा नए-नए क्षेत्रों में अपनी कंपनी का विस्तार किया है, लेकिन कभी भी उन्होंने अपने बड़े लक्ष्य से अपना ध्यान नहीं हटाया।

उनका लक्ष्य हमेशा 102 साल तक के लिए रहा है, लेकिन 102 साल का अर्थ यह नहीं कि उन्होंने अपनी गति को धीमा कर लिया। उनकी गति दिन-प्रति-दिन आक्रामक और खुद में सुधार करनेवाली होती चली गई है। जैक मा इस बात से कभी नहीं डरे कि उनकी योजनाएँ बाजार में पहले से ही काम कर रही थीं। ईबे उनकी योजना का एक बड़ा रूप था, जो चीन में पहले से ही मौजूद था। वह नंबर वन बनने की दौड़ में कभी भी शामिल नहीं हुए। उनका लक्ष्य हमेशा बेहतर निर्माण था। भले ही ईबे उनसे पहले और पहले पायदान पर थी, फिर भी अलीबाबा ने अपने उत्पादों और सेवाओं के जरिए उपभोक्ताओं का विश्वास हासिल किया और सभी को पीछे छोड़ दिया, क्योंकि उनका लक्ष्य हमेशा बेहतर सेवाएँ देना था।

> ***उनका लक्ष्य हमेशा 102 साल तक के लिए रहा है, लेकिन 102 साल का अर्थ यह नहीं कि उन्होंने अपनी गति को धीमा कर लिया। उनकी गति दिन-प्रति-दिन आक्रामक और खुद में सुधार करनेवाली होती चली गई है।***

(क) सबसे पहले ग्राहक की प्राथमिकता

2007 में न्यूयॉर्क वॉल स्ट्रीट में जब उन्होंने अपना व्याख्यान दिया। उन्होंने कहा था कि उनकी कंपनी दूसरों से अलग है, क्योंकि वे उपभोक्ताओं को अधिक महत्त्व देते हैं। दूसरे नंबर पर कर्मचारी और शेयर धारक सबसे अंत में आते हैं। लोग उनकी बात सुनकर हैरान थे, जबकि शेयरधारकों का महत्त्व सबसे अधिक है, लेकिन जैक मा इससे अलग सोचते हैं, उनके

अनुसार शेयरधारकों का स्थान उपभोक्ताओं और कर्मचारियों के बाद आता है। उपभोक्ता और ग्राहक आपको मुनाफा प्रदान करते हैं और कर्मचारी आपके लिए उत्पाद का निर्माण करते हैं। यदि हम देखें तो ग्राहक से मुनाफा और कर्मचारियों से उत्पादन प्राप्त किए बिना शेयरधारकों को खुश नहीं किया जा सकता, इसीलिए जैक मा ने कहा कि मेरे लिए ग्राहक या उपभोक्ता सबसे ज्यादा जरूरी है। जैक मा ने यह भी कहा कि जो कंपनी इस बात को समझ लेगी, वही अधिक समय तक टिकी रहेगी।

यदि आपकी प्राथमिकता उपभोक्ता हैं तो आप खुद-ब-खुद उपभोक्ताओं की जरूरत के अनुरूप बदलते रहेंगे और यदि आप इस बात से सहमत नहीं होते हैं तो लाभ कमाना तो बहुत दूर की बात है, आप बाजार में टिक भी नहीं पाएँगे, क्योंकि हम अब एक डाटा टेक्नोलॉजी युग में प्रवेश कर चुके हैं। यहाँ सबकुछ पारदर्शी है। यहाँ प्रतियोगिता का माहौल है। हर उद्यमी अपने आप को श्रेष्ठ बनाना चाहता है। श्रेष्ठ प्रदर्शन करना चाहता है। ग्राहकों को पारदर्शी और त्वरित सेवाएँ चाहिए। उन्हें उच्च स्तरीय डाटा शेयरिंग के साथ-साथ आपके आकर्षक प्रस्तावों में बेहद रुचि रहती है। ग्राहक हमेशा वह चाहता है, जो उसे किसी और जगह से उपलब्ध नहीं हो सकता। वह कम-से-कम दाम देकर अधिक-से-अधिक सुविधाएँ चाहता है। यदि उपभोक्ता को प्रथम स्थान पर नहीं रखा जाएगा तो उसे संतुष्ट करना असंभव होगा। किसी भी कंपनी को बाजार में बने रहने के लिए सबसे पहले अपने उपभोक्ता के बारे में सोचना चाहिए। किसी भी बाजार का निर्णय वहाँ के उपभोक्ता से होता है। उपभोक्ता में बहुत शक्ति होती है। किसी भी अर्थव्यवस्था के लिए उपभोक्ता सबसे जरूरी इकाई है।

यदि आपकी प्राथमिकता उपभोक्ता हैं तो आप खुद-ब-खुद उपभोक्ताओं की जरूरत के अनुरूप बदलते रहेंगे और यदि आप इस बात से सहमत नहीं होते हैं तो लाभ कमाना तो बहुत दूर की बात है, आप बाजार में टिक भी नहीं पाएँगे, क्योंकि हम अब एक डाटा टेक्नोलॉजी युग में प्रवेश कर चुके हैं।

यदि हम ईबे की तरफ ध्यान दें तो उसने हमेशा वॉल स्ट्रीट के निवेशकों के दबाव को महसूस किया और उसी दबाव में काम किया। निवेशक जल्दी-से-जल्दी लाभ चाहता है और कंपनी अपने निवेशकों को खुश करने के लिए बड़े लक्ष्य निर्धारित करती है, लेकिन उसकी तुलना में कंपनी को अपने ग्राहक और कर्मचारियों पर ध्यान देना चाहिए, क्योंकि यदि ग्राहक प्रसन्न हैं और कर्मचारी सुचारु रूप से कार्य करते हैं तो निवेशक को निश्चित ही अंत में पुरस्कृत किया जाता है।

(ख) अवलोकन

यदि आप अपनी अर्थव्यवस्था के लिए काम कर रहे हैं तो आपको बहुत बारीकी से यह देखना होगा कि आपकी बाजार की स्थिति क्या है? लेकिन अधिकतर उद्यमी अमेरिका की नकल करने में लगे हैं। कभी-कभी तरीके कारगर होते हैं, लेकिन आप हर परिस्थिति में हर समय इसे लागू नहीं कर सकते। जैक मा को हमेशा लोगों ने दूसरों की किताबें पढ़ने के लिए कभी-न-कभी प्रेरित किया था, लेकिन उन्होंने हमेशा दूसरों के व्यापार तंत्र की पुस्तकें पढ़ने के लिए मना कर दिया। जैक हमेशा इस बात की वकालत करते रहे हैं कि प्रतियोगिता से सीखना चाहिए, लेकिन कभी भी दूसरों की नकल नहीं करनी चाहिए, क्योंकि यदि आप नकल करेंगे तो आप निश्चित ही असफल हो जाएँगे। विकासशील देशों की स्थिति विकसित देशों से अलग है। विकासशील देशों के लोग खर्च करने के मामले में तार्किक होते हैं, लेकिन जब निवेश करते हैं तो अत्यधिक दूरदर्शी हो जाते हैं और विकसित अमरीकी लोग निवेश करते

> ***यदि आप अपनी अर्थव्यवस्था के लिए काम कर रहे हैं तो आपको बहुत बारीकी से यह देखना होगा कि आपकी बाजार की स्थिति क्या है? लेकिन अधिकतर उद्यमी अमेरिका की नकल करने में लगे हैं। कभी-कभी तरीके कारगर होते हैं, लेकिन आप हर परिस्थिति में हर समय इसे लागू नहीं कर सकते।***

समय तार्किकता से सोचते हैं और खर्च करते समय दूरदर्शिता का प्रदर्शन करते हैं। विकासशील देशों के लोगों पर शेयर खरीदते समय उत्साह से भर जाना, लेकिन छोटी-मोटी जरूरतों की चीजें खरीदते समय कंजूसी करना जैसी मानसिकता अधिक हावी रहती है। अधिकतर लोग पाई-पाई जोड़कर पूरे साल बचत करते हैं और शेयर खरीदने में उस सारी बचत को लगा देते हैं, क्योंकि वहाँ उनकी रुचि है। जिस तरह उनकी सोच विकसित देशों के लोगों की सोच से अलग है, उसी तरह उनकी व्यापारिक आवश्यकताएँ भी अलग-अलग हैं। हमें किसी और की नकल से हमेशा बचना चाहिए। पहले बाजार को देखिए-परखिए। नए उपकरणों और कर्मचारियों पर खर्च करने से पहले विचार करिए।

हमें अपने कर्मचारियों के वेतन को बढ़ाकर उनके हौसलों को जरूर बढ़ाना चाहिए। हमें इस बात का हमेशा ध्यान रखना चाहिए कि किसी भी युद्ध में लड़ने वाले सैनिकों में सबसे ज्यादा जरूरी पैदल चलनेवाले सैनिक होते हैं''

(ग) पैदल चलनेवाले सैनिकों की उपयोगिता सबसे अधिक होती है

हमें अपने कर्मचारियों के वेतन को बढ़ाकर उनके हौसलों को जरूर बढ़ाना चाहिए। हमें इस बात का हमेशा ध्यान रखना चाहिए कि किसी भी युद्ध में लड़ने वाले सैनिकों में सबसे ज्यादा जरूरी पैदल चलनेवाले सैनिक होते हैं, लेकिन अधिकतर अंतरराष्ट्रीय कंपनियाँ अपने उच्च कोटि के प्रबंधन के वेतन में वृद्धि करती हैं, लेकिन आम कर्मचारियों का वेतन बढ़ाने की जरूरत होती है। इस बात से कोई फर्क नहीं पड़ता कि किसी विशिष्ट वरिष्ठ प्रबंधक का वेतन 50,000 बढ़ा दें या फिर 10,000 प्रति महीने बढ़ा दें। वह आपके प्रति इतना कृतज्ञ नहीं होगा, जितना एक मामूली कर्मचारी ₹ 3,000 बढ़ाने में कृतज्ञता महसूस करेगा, इसलिए आम कर्मचारी को अधिक प्रोत्साहन और हौसले की आवश्यकता होती है।

(घ) अपनी आवश्यकताओं पर ध्यान दें

हमें खुद को और अपनी आवश्यकताओं को समझना चाहिए। अमेरिकी किसी विकासशील देश के बारे में न के बराबर जानते हैं, लेकिन अधिकतर विकासशील उद्यमी अपनी जिंदगी अमरीकी व्यापार तंत्र को समझने में खपा देते हैं। आपको अपनी बाजार व्यवस्था और उसके तौर-तरीकों को जानने की सख्त जरूरत होती है। अर्थव्यवस्था के संदर्भों, कारणों, अवसरों और विशेषण का अवशोषण करने की भी जरूरत है। हमें जरूरत है कि हम एक साथ मनुष्य की प्रवृत्ति, बाजार और अपने समाज का अवलोकन करें।

(च) दबाव की नीति

2012 में चीनी अर्थव्यवस्था अपने सुनहरे काल से गुजर रही थी। अलीबाबा ने 2013 के लिए बजट पेश किया। उसमें उसके अनुमानित लक्ष्य, आय और मुनाफे को दुगना करके दिखाया गया था। 2012 अलीबाबा के लिए एक सुनहरा साल था। 'तोबाओ', 'टी मॉल' ने अपेक्षा से अधिक सफलता प्राप्त की थी। जैक मा ने अपनी कंपनी को दुगना लक्ष्य निर्धारित करने के लिए निर्देश दिया, लेकिन वे यह बात जानते थे कि अगर वे निर्देश नहीं भी देते तो कंपनी बहुत आसानी से उस लक्ष्य को प्राप्त कर सकती थी। लक्ष्य के पीछे एक कारण था। जैक मा ने कहा कि ऐसा बजट तैयार किया जाए, जो कंपनी को दुगने लक्ष्य प्राप्त करने के लिए कर्मचारियों की संख्या सुनिश्चित कर सके। उस वक्त अलीबाबा के कर्मचारियों की संख्या 20,000 थी। जो बजट बनाया गया, उसके अनुसार उस लक्ष्य को प्राप्त करने के लिए 8,700

> ***2012 में चीनी अर्थव्यवस्था अपने सुनहरे काल से गुजर रही थी। अलीबाबा ने 2013 के लिए बजट पेश किया। उसमें उसके अनुमानित लक्ष्य, आय और मुनाफे को दुगना करके दिखाया गया था। 2012 अलीबाबा के लिए एक सुनहरा साल था। 'तोबाओ', 'टी मॉल' ने अपेक्षा से अधिक सफलता प्राप्त की थी।***

कर्मचारियों की और आवश्यकता थी, लेकिन जैक मा ने कर्मचारियों की वृद्धि से साफ इनकार कर दिया। उसके बाद एक दूसरा बजट बनाया गया, जिसमें कर्मचारियों की संख्या 7,800 थी, लेकिन जैक ने इसे भी खारिज कर दिया और तीसरी बैठक हुई, तब कर्मचारियों ने जानना चाहा कि जैक मा को क्या लगता है कि कितने कर्मचारियों की और आवश्यकता है? लोगों को लगा कि जैक मा का उत्तर होगा कि 5,000 कर्मचारी, लेकिन जैक मा ने इससे भी इनकार कर दिया, तब लोगों ने पूछा तो आपको कितने लोगों की जरूरत है? जैक मा का उत्तर था, 200 लोग और साथ में उन्होंने यह भी कहा कि मेरे और प्रबंधन के कर्मचारियों के साथ-साथ और नियुक्त 200 लोगों को किसी भी प्रकार का बोनस नहीं दिया जाएगा। जैक मा ने उस समय कहा था कि प्रत्येक साल लोग उन्हें कर्मचारियों की संख्या बढ़ाने के लिए कहते थे, लेकिन उन्होंने उनकी बात नहीं मानी। उन्होंने कहा कि मैं अपने लक्ष्य को दुगना करना चाहता था, लेकिन कर्मचारियों की संख्या 200 से अधिक नहीं बढ़ाना चाहता था और उसका परिणाम यह हुआ कि अलीबाबा ने न केवल 2013 के लिए बनाए गए अपने लक्ष्य को प्राप्त किया, बल्कि 300 लोगों की कटौती भी की।

जैक मा का उत्तर था, 200 लोग और साथ में उन्होंने यह भी कहा कि मेरे और प्रबंधन के कर्मचारियों के साथ-साथ और नियुक्त 200 लोगों को किसी भी प्रकार का बोनस नहीं दिया जाएगा। जैक मा ने उस समय कहा था कि प्रत्येक साल लोग उन्हें कर्मचारियों की संख्या बढ़ाने के लिए कहते थे, लेकिन उन्होंने उनकी बात नहीं मानी।

जैक मा के अधीनस्थ सहयोगियों ने लक्ष्य पूरा करने के लिए हर बजट के साथ-साथ कर्मचारियों की तादाद बढ़ाने के सुझाव दिए थे, लेकिन उन्होंने पहले यह लक्ष्य रख दिया कि कर्मचारियों और बजट में कोई वृद्धि नहीं की जाएगी, लेकिन हमें अपने लक्ष्य को हासिल करना होगा। जैक मा जानते थे कि जब तोबाओ की शुरुआत की गई थी, उस वक्त एक कर्मचारी की नियुक्ति का

बाजार भाव का औसत 100 मिलियन युआन प्रति व्यक्ति था। उसमें सफाई कर्मचारी और सुरक्षा कर्मचारी भी शामिल किए गए थे, अगर एक व्यक्ति की नियुक्ति की जाती तो 100 मिलियन युआन का अतिरिक्त व्यय उठाना पड़ता और जैक इसके खिलाफ थे। उनका मानना था, यदि कर्मचारियों की संख्या बढ़ाने का विकल्प नहीं होगा तो कर्मचारी अपने प्रौद्योगिक उत्पादों और संगठन में सुधार करने के लिए बाध्य हो जाएँगे और यदि ऐसा नहीं किया गया तो कर्मचारी कच्चे माल, स्टाफ की कमी और अन्य मुश्किलों के बहाने घालमेल अवश्य करेंगे, इसलिए जब चीजें व्यवस्थित रूप से चल रही हों तो हमें दवा की नीति को अपनाना चाहिए।

जैक मा जानते थे कि जब तोबाओ की शुरुआत की गई थी, उस वक्त एक कर्मचारी की नियुक्ति का बाजार भाव का औसत 100 मिलियन युआन प्रति व्यक्ति था। उसमें सफाई कर्मचारी और सुरक्षा कर्मचारी भी शामिल किए गए थे, अगर एक व्यक्ति की नियुक्ति की जाती तो 100 मिलियन युआन का अतिरिक्त व्यय उठाना पड़ता और जैक इसके खिलाफ थे।

(छ) तूफान के थमने का इंतजार करें

यदि आप तीन लोग हैं और तूफान आनेवाला है। मान लीजिए, पहले के पास छतरी है। दूसरे के पास रेनकोट और तीसरे के पास दोनों में से कोई भी चीज नहीं। तूफान में पहले दोनों आदमी यह सोचकर निकल जाते हैं कि उनके पास छतरी और रेनकोट हैं, लेकिन तीसरा आदमी तूफान के रुकने का इंतजार करता है और तूफान के रुकने के बाद घर से निकलता है। वही पहला आदमी होता है, जो मंजिल तक पहुँचता है, क्योंकि पहले दो आदमी में से एक फिसलने से अपनी टाँग तुड़वा लेता है और दूसरा अपनी पीठ की हड्डी, इसलिए बिगड़ती हुई अर्थव्यवस्था में धीरज से काम लेना अत्यधिक आवश्यक होता है। उस समय हमें अपनी बुद्धि और तर्क से काम लेना चाहिए। हम अकसर इस बात को समझते हैं, लेकिन उसे व्यवहार में नहीं लाते। यह वही बात है, जो अर्थशास्त्री और विशेषज्ञ कहते हैं।

बस उनके कहने का तरीका जटिल होता है।

यदि चीन की बात करें तो चीन की जी.डी.पी. अफ्रीका के सबसे गरीब देश के समान थी, लेकिन उदारीकरण के बाद इसमें सुधार हुआ। पहले राज्य के स्वामित्व वाले उद्यमों का घाटा लगभग 85 प्रतिशत था। वित्तीय व्यवस्था में सुधार से पहले चीन के प्रमुख बैंक संपत्ति कारोबार में आ गए थे, लेकिन आज विश्व के कई बड़े बैंक चीन के हैं। यहाँ यह कहना गलत नहीं होगा कि आर्थिक सुधार हमारी उत्पादकता पर निर्भर करता है, लेकिन उदारीकरण से पहले उत्पादन की अधिकता चीन की सबसे बड़ी समस्या थी। चीन में प्रतिवर्ष 1,00,000 टन लोहे का उत्पादन किया जाता था और उसकी आवश्यकता केवल 60,000 टन लोहे की थी और यह आर्थिक बोझ की तरह था, लेकिन चीन ने खराब मौसम में निकलने की बजाय सूरज निकलने का इंतजार किया और मौसम से निबटने की तैयारी की। चाहे वह बात भ्रष्टाचार की हो या गरीबी के स्तर में सुधार लाने की, इसने अर्थव्यवस्था को पहले से अधिक पारदर्शी और प्रामाणिक बनाया।

यदि चीन की बात करें तो चीन की जी.डी.पी. अफ्रीका के सबसे गरीब देश के समान थी, लेकिन उदारीकरण के बाद इसमें सुधार हुआ। पहले राज्य के स्वामित्व वाले उद्यमों का घाटा लगभग 85 प्रतिशत था। वित्तीय व्यवस्था में सुधार से पहले चीन के प्रमुख बैंक संपत्ति कारोबार में आ गए थे, लेकिन आज विश्व के कई बड़े बैंक चीन के हैं।

(ज) इंटरनेट का उपयोग फायदेमंद है

यदि आप युवा पीढ़ी को समझना चाहते हैं तो आपको ऑनलाइन माध्यमों का उपयोग करना होगा। आज उपभोक्ता बाजार में जवाब नहीं, अवसर तलाश रहे हैं। नौजवानों की भूमिका बहुत महत्त्वपूर्ण है। पूरी दुनिया में 1980 के दशक या उसके बाद पैदा हुए युवाओं की संख्या तकरीबन दो अरब है और यह इतिहास का सबसे बड़ा आँकड़ा है। अधिकतर लोग इंटरनेट अर्थव्यवस्था

पर भरोसा नहीं करते। उसकी शिकायतें करते हैं, लेकिन इसका विस्तार लगातार हो रहा है। नई माँगों के हिसाब से बाजार बदल रहे हैं। कारोबारियों के साथ-साथ नया उपभोक्तावाद भी आकार लेने की प्रक्रिया से होकर गुजर रहा है। अकसर उद्यमी मानते हैं कि इंटरनेट उद्योग से उनकी बिक्री पर बुरा प्रभाव पड़ा है, लेकिन 20 साल पहले छोटे-बड़े रोजगारों पर राज्य का नियंत्रण था, तब सभी उद्यमियों की शिकायत थी कि इससे उनकी रचनात्मकता प्रभावित होती है और राज्य विकासशील उद्यमों में रुचि रखते हैं, लेकिन आज उद्यमी इस चीज को नजरअंदाज करते हैं कि इंटरनेट के माध्यम से वे उपभोक्ताओं से सीधे संबंध बना सकते हैं और उन्हें बेहतर सुविधाएँ उपलब्ध करा सकते हैं। इंटरनेट के जरिए उपभोक्ताओं की जरूरतों को समझा जा सकता है, इसलिए आज आवश्यकता है कि इंटरनेट को अपने उद्योग के साथ मिलाकर आगे का रास्ता तय किया जाए।

> ***पूरी दुनिया में 1980 के दशक या उसके बाद पैदा हुए युवाओं की संख्या तकरीबन दो अरब है और यह इतिहास का सबसे बड़ा आँकड़ा है। अधिकतर लोग इंटरनेट अर्थव्यवस्था पर भरोसा नहीं करते।***

(झ) आनेवाला कल

आज हर एक आदमी सरकार को दोष देता है। ऐसा कोई आदमी मुश्किल ही मिलेगा, जो इसका श्रेय ले कि पिछले सालों उसने अनेक कारोबारी गलतियाँ कीं। जब भी कोई व्यक्ति सफल होता है तो इसका श्रेय वह खुद को देता है, लेकिन असफल होते ही वह अपनी असफलता का जिम्मेदार सरकारी नीतियों या बाजार को मानता है। ये विरोधाभासी बातें हैं। कुछ हद तक सरकार या बाजार जिम्मेदार होते हैं, लेकिन सबसे ज्यादा जिम्मेदार होते हैं आपके निजी निर्णय, कर्मचारी, कंपनी की कार्यप्रणाली एवं प्रतिभा। पिछले 20 सालों में इंटरनेट कंपनियों ने तेजी से विकास किया है, जब भी किसी अर्थव्यवस्था में प्रौद्योगिकी क्षेत्र में क्रांतिकारी परिवर्तन होते हैं तो 20 साल केवल संरचनात्मक

निर्माण के लिए आवश्यक होते हैं। कम-से-कम 30 साल तक वही स्थिति बनी रहती है। आप उदाहरण के लिए, वाष्पचालित इंजन को देख सकते हैं। आविष्कार के बाद उसे अभियंत्रण की 50 साल की प्रक्रिया से होकर गुजरना पड़ा। अभी पूरी दुनिया पर्याप्त रूप से इसके लिए तैयार नहीं है। अगले 20 से 30 वर्षों में असंख्य कंपनियाँ यहाँ अपनी किस्मत आजमाएँगी और अधिकतर असफल हो जाएँगी। बदलाव की प्रक्रिया लंबे समय तक चलती है। यदि आज आर्थिक सुधार किए जाते हैं तो उसके नतीजे 10 साल बाद दिखाई देंगे। पहली क्रांति कल-कारखानों के अस्तित्व के रूप में हमारे सामने आई। दूसरी क्रांति ऊर्जा उत्पादन से प्रभावित थी। वहाँ कारोबार का तंत्र कंपनी और फर्म के रूप में बदल गया। मोबाइल फोन आज निम्न आय और कम पढ़े-लिखे 90 प्रतिशत लोगों तक पहुँच चुका है। जिसका उपयोग पहले केवल उच्च आयवाले परिवारों तक ही सीमित था। यह बदलाव बहुत तेजी से हुआ। जिसकी उम्मीद किसी को नहीं थी। पिछले कुछ समय में डाटा और सूचनाओं की अप्रत्याशित बरसात हुई है। जो शायद पिछले 2000 सालों में भी नहीं हुई। पहली क्रांति में हमारी व्यक्तिगत स्वतंत्रता सुनिश्चित की गई। जिसमें हमने कामगारों का काम मशीनों से लेना शुरू किया। दूसरी तकनीकी क्रांति में ऊर्जा के संसाधनों का विकास किया गया। आदमी चंद्रमा तक पहुँच गया। उसके बाद औद्योगिक मामलों में हमने विकास किया। यदि हम तीसरी क्रांति की तरफ ध्यान दें तो मौजूदा सुधार हमारी मानसिकता और विचारों को बदलने में सक्षम हैं। यह हमारे मस्तिष्क को प्रभावित करेंगे, क्योंकि आप-हम जैव प्रौद्योगिकी के युग में प्रवेश कर रहे हैं, लेकिन इसमें अवसरों की प्रचुरता है। सुधार विज्ञान और तकनीक के इस माहौल में अपने अवसरों को तलाशते

> ***पिछले 20 सालों में इंटरनेट कंपनियों ने तेजी से विकास किया है, जब भी किसी अर्थव्यवस्था में प्रौद्योगिकी क्षेत्र में क्रांतिकारी परिवर्तन होते हैं तो 20 साल केवल संरचनात्मक निर्माण के लिए आवश्यक होते हैं। कम-से-कम 30 साल तक वही स्थिति बनी रहती है।***

रहना होगा, क्योंकि इस जैव प्रौद्योगिकी सुधार में बड़ी तादाद में कंपनियाँ सामने आएँगी, जो आनेवाला कल सुनिश्चित करेंगी।

(ट) व्यावहारिक रणनीतियों का निर्माण कीजिए

आनेवाला समय शासकीय मानदंडों पर आधारित नहीं होगा। अर्थव्यवस्था आर्थिक सिद्धांतों, पैसों, सत्ता के प्रभाव पर आधारित नहीं होगी। यहाँ सूचना, बुद्धि और सुधारों का महत्त्व होगा। अधिकतर हम ऐसी समस्याओं के लिए चिंतित रहते हैं, जिनका निर्माण विकास के क्रम के साथ-साथ स्वयं ही हो जाता है। जब लोग घोड़े पर यात्रा किया करते थे, उस समय घोड़े की लीद एक समस्या थी। बहुत से लोग थे, जो घोड़े की लीद के बारे में सोच रहे थे, लेकिन उस समय कुछ ऐसे भी लोग थे, जिन्होंने ऑटोमोबाइल के आविष्कार के बारे में सोचा और ऑटोमोबाइल का आविष्कार कामयाब हुआ तो घोड़े की लीद की समस्या अपने आप ही सुलझ गई। परिवर्तन तभी उपयोगी सिद्ध होता है, जब उसे भविष्य की आवश्यकताओं के अनुरूप बनाया जाए। अधिकतर पेशेवर प्रबंधक योजनाएँ बनाते हैं। अधिकतर योजनाएँ वर्तमान परेशानियों से निकलने के लिए किताबी सिद्धांतों पर आधारित होती हैं, लेकिन रणनीतियाँ व्यावहारिक होनी चाहिए। वे जितनी अधिक व्यावहारिक होंगी, उतनी ही ज्यादा कारगर होंगी, जैसे कि भविष्य में उपभोक्ताओं की स्थिति, साझेदारों का विश्वास। आज अधिक आवश्यक है कि हम सुधारों का कैसे उपयोग करते हैं कि हमारे उपभोक्ता और साझेदार हम पर विश्वास बनाए रखें।

> *आनेवाला समय शासकीय मानदंडों पर आधारित नहीं होगा। अर्थव्यवस्था आर्थिक सिद्धांतों, पैसों, सत्ता के प्रभाव पर आधारित नहीं होगी। यहाँ सूचना, बुद्धि और सुधारों का महत्त्व होगा। अधिकतर हम ऐसी समस्याओं के लिए चिंतित रहते हैं, जिनका निर्माण विकास के क्रम के साथ-साथ स्वयं ही हो जाता है।*

(ठ) अधिक क्षति से बचें

उद्यमिता का वास्तविक अर्थ क्या है? वर्तमान में हमारी कंपनियाँ अधिकतर आज की समस्याओं को हल करने की सोचती हैं, जो कि भविष्य की समस्याओं की तरफ कोई ध्यान नहीं देतीं। कल के ग्राहक कैसे होंगे! उसके अनुसार आपको अपने कर्मचारियों और अपनी कंपनी में क्या बदलाव करने होंगे। जब हम कोई व्यापार करते हैं तो हमें उसकी बुनियादी चीजों पर गौर करने की जरूरत है, जैसे कि आप किन लक्ष्यों को प्राप्त करना चाहते हैं? और आप अभी तक क्या प्राप्त कर सके हैं? आपको अपने लक्ष्यों को प्राप्त करने के लिए किन समस्याओं पर ध्यान देने की जरूरत है? और किन्हें नजरअंदाज कर देना उचित है? अधिक आकांक्षाएँ परेशानियों में डालनेवाली होती हैं, इसलिए नजरअंदाज करना आना चाहिए। किसी भी प्रतिकूल स्थिति में गलत निर्णय और गलत नीति से बचने का प्रयास करना चाहिए और बिना सोचे-समझे कभी कोई फैसला नहीं लेना चाहिए। आपका व्यापार यदि बड़ा हो रहा है, परंतु आपकी अर्थव्यवस्था आपकी सफलता में अड़चन है तो गलती अर्थव्यवस्था की नहीं, आपकी होगी। जिम्मेदारी लीजिए और सामान्य रहिए। आज सफलता अधिक-से-अधिक योग्यता पर निर्भर करती है। जो कुछ भी आप हैं, वह किन कारणों से हैं और आप क्या हो सकते हैं? हमें जरूरत है कि गलतियों पर गौर कर हम जरूरतों के मुताबिक खुद को ढालें। यदि जंगल में आग लगती है तो क्या आपको तुरंत आग बुझाने में लग जाना चाहिए! नहीं, यदि आग लगती है तो उसके 50 किलोमीटर के दायरे में पेड़ों को काटकर गहरी खाई खोद देनी चाहिए। इससे हम अधिक क्षति से बच सकते हैं।

उद्यमिता का वास्तविक अर्थ क्या है? वर्तमान में हमारी कंपनियाँ अधिकतर आज की समस्याओं को हल करने की सोचती हैं, जो कि भविष्य की समस्याओं की तरफ कोई ध्यान नहीं देतीं। कल के ग्राहक कैसे होंगे! उसके अनुसार आपको अपने कर्मचारियों और अपनी कंपनी में क्या बदलाव करने होंगे।

(ड) कटौती अंतिम निर्णय

आपका अपने कर्मचारियों से सीधा संपर्क होना चाहिए और आप बिल्कुल स्पष्ट होने चाहिए। आप अपने सवालों में उलझे न रहें कि मैं यह बदलाव करना चाहता हूँ, वह बदलाव नहीं करना चाहता। उसे रखना चाहता हूँ, उसे नहीं रखना चाहता, लेकिन नहीं रख सकूँगा। नीति निर्माण के समय सरकार बहुत से बिंदुओं के लिए वचनबद्ध होती है, लेकिन व्यापारियों की आशाएँ अलग हैं। कृषि हमारे देश की नींव है। शिक्षा सफलता की कुंजी है। विज्ञान और प्रौद्योगिकी हमारा भविष्य है। उद्योग हमारी प्रगति का मार्ग है। इन सभी बातों में फँसने के बजाय आप इस बात पर गौर करिए कि आप क्या चाहते हैं? क्योंकि ऐसी बातें बहुत कम हैं, जो आप के लिए लाभदायक हैं। यह आपके व्यक्तिगत निर्णय पर निर्भर करता है, क्योंकि वस्तुनिष्ठता उद्देश्यों को आसान बनाती है। जब भी कंपनी पर कोई संकट आता है तो हम उसके सुधार, आवश्यकताओं और अनावश्यकताओं को लेकर स्पष्ट होते हैं। ऐसे समय में अधिकतर हम कर्मचारियों की कटौती का निर्णय लेते हैं, लेकिन यह एक बहुत ही हानिकारक कदम है। इसके परिणाम गंभीर हो सकते हैं। कटौती हमेशा अंतिम निर्णय होना चाहिए। हमेशा कर्मचारियों की कटौती से बचें और नए कर्मचारियों की भर्ती में हमेशा सतर्कता बरतें। कटौती अंतिम विकल्प है। व्यक्तिगत रूप से किसी भी कर्मचारी को निकाला जा सकता है, लेकिन बड़े पैमाने पर कटौती करना, उससे हमेशा बचना चाहिए।

> ***आपका अपने कर्मचारियों से सीधा संपर्क होना चाहिए और आप बिल्कुल स्पष्ट होने चाहिए। आप अपने सवालों में उलझे न रहें कि मैं यह बदलाव करना चाहता हूँ, वह बदलाव नहीं करना चाहता। उसे रखना चाहता हूँ, उसे नहीं रखना चाहता, लेकिन नहीं रख सकूँगा।***

प्रतिकूल आर्थिक परिस्थिति में संगठन की बनावट, कर्मचारियों की क्षमता, कंपनी की कार्य पद्धति में सामंजस्य होना चाहिए। वह मजबूत रहने चाहिए। भविष्य के प्रति सकारात्मक, आदर्शवादी उदाहरण प्रस्तुत करिए और

सिद्धांतों के प्रति स्वस्थ रहिए, जिससे असफल कंपनियाँ आपका अनुसरण कर सकें। अपने कर्मचारियों को प्रशिक्षित करते रहिए। अच्छे दिनों में व्यापार के संचालन के लिए बाजार पर भरोसा किया जाता है, लेकिन बुरे दिनों में धैर्य रखते हुए प्रबंधन प्रदर्शन, हुनर, संगठन, कर्मचारियों के कार्य वितरण की दिशा में हमें ठोस कदम उठाने चाहिए। बेकार कर्मचारियों की जगह योग्य लोगों की भर्ती करिए। हमें कठिन दिनों में एक किसान की तरह अपनी जमीन की हिफाजत करते रहना चाहिए। कम ही सही, हमें उसमें कुछ-न-कुछ उगाकर लाभ कमाने की उम्मीद कभी नहीं छोड़नी चाहिए।

प्रतिकूल आर्थिक परिस्थिति में संगठन की बनावट, कर्मचारियों की क्षमता, कंपनी की कार्य पद्धति में सामंजस्य होना चाहिए। वह मजबूत रहने चाहिए। भविष्य के प्रति सकारात्मक, आदर्शवादी उदाहरण प्रस्तुत करिए और सिद्धांतों के प्रति स्वस्थ रहिए, जिससे असफल कंपनियाँ आपका अनुसरण कर सकें।

(ढ) अपने सफल विभागों में निवेश कीजिए

"मेरे पास एक फुटबॉल टीम भी है। अधिकतर लोगों ने मुझसे यह पूछा कि मैंने एक फुटबॉल टीम में निवेश क्यों किया? 2014 में 'एवरग्रांदे' चीन का अकेला सफल क्लब था। जब आग सुलगती है तो लोग आग तापने के लिए चारों तरफ घेरा बनाकर बैठ जाते हैं, लेकिन जब आग बुझती है तो लोग वहाँ नजर नहीं आते। अपने संसाधनों को अपनी कंपनी के सबसे बेहतर विभाग में डालना चाहिए, जिससे आपको अपने उद्योग में प्रोत्साहन मिल सके। आपकी कंपनी जिस क्षेत्र में अच्छा काम करती है, आपको वहाँ अधिक निवेश करने की आवश्यकता होती है।

(ण) असफलताओं से सीखिए

आज हर कोई जैक मा से उनकी सफलता के सूत्र जानना चाहता है,

उनके पास बहुत से विश्वविद्यालयों से विद्यार्थियों को संबोधित करने के लिए प्रस्ताव आते हैं। लगभग एक वर्ष पहले जैक मा ने मास्को के एक विश्वविद्यालय में विद्यार्थियों को संबोधित करते हुए यह व्याख्यान दिया था—

"आज मुश्किल है। कल और भी मुश्किल होगा, कल के बाद जो सुबह आएगी, वह बहुत खूबसूरत होगी, लेकिन अधिकतर लोग कल शाम हार मान लेते हैं। आपको मेहनत करने की जरूरत है। हर मुश्किल समय, हर समस्या, जो आपके सामने आती है, वह खुद को तैयार करने का सबसे बड़ा साधन होती है। मैं किसी अच्छे स्कूल में नहीं पढ़ा। मैं अपने स्कूल की प्रवेश परीक्षा में तीन बार असफल हुआ। मेरे पास बहुत से बुरे अनुभव थे। जब मैं बच्चा था और जब मैं युवा था, मैंने बहुत सी गलतियाँ की थीं, जो मेरे लिए सबक थीं। यदि आप सफल होना चाहते हैं तो हर गलती एक बड़ा सबक होती है। आपको कभी उन्हें किसी कबाड़ की तरह नहीं देखना चाहिए। मैं सोचता हूँ, हर व्यक्ति की एक महान् कहानी होती है। हर व्यक्ति गलतियाँ करता है। हर व्यक्ति की बहुत सी समस्याएँ होती हैं। बहुत कम लोग होते हैं, जो आपको सुनते हैं। एक दिन जब आप सफल होते हैं, लोग आपको सुनते हैं। वो कहते हैं कि आप महान् हैं, पर मैं कहता हूँ कि मैं महान् नहीं हूँ। मेरा जन्म एक बहुत सामान्य परिवार में हुआ। मेरा स्कूल बहुत अच्छा नहीं था। मैंने हमेशा पढ़ने में मेहनत की, पर नतीजे बहुत अच्छे कभी नहीं रहे। मैं असफल हुआ, मैंने नौकरी ढूँढ़नी चाही। वहाँ भी असफलता का सामना करना पड़ा, पर मैंने कभी भी हार नहीं मानी। जो एक चीज मैंने सीखी, वह यह कि सवाल करिए, आपको सफल होने का मौका क्यों मिलना चाहिए? हर व्यक्ति को आपकी मदद क्यों करनी चाहिए?

आज मुश्किल है। कल और भी मुश्किल होगा, कल के बाद जो सुबह आएगी, वह बहुत खूबसूरत होगी, लेकिन अधिकतर लोग कल शाम हार मान लेते हैं। आपको मेहनत करने की जरूरत है। हर मुश्किल समय, हर समस्या, जो आपके सामने आती है, वह खुद को तैयार करने का सबसे बड़ा साधन होती है।

आपको वह हासिल करना पड़ेगा कि लोग आपकी मदद करें। कभी भी हार मत मानिए। जब हर व्यक्ति शिकायत कर रहा है तो इसमें एक अवसर है।

"मैंने अपने लक्ष्यों को बड़ा रखा। मैं चाहता था कि मैं लोगों की मदद करूँ। अलीबाबा के विस्तार को लेकर मैंने कभी नहीं सोचा था। अलीबाबा ने आज जो विस्तार किया, उसका अर्थ यह नहीं है कि मैं बहुत काबिल था। उसका मतलब यह है कि मैंने बहुत से काबिल लोगों के साथ काम किया और काबिल लोग हमेशा हटकर काम करते हैं। साधारण लोग आसान चीजों को पकड़ते हैं, लेकिन सफलता इतनी आसानी से और इतनी जल्दी नहीं मिलती। उसका कोई सरल रास्ता नहीं है। आप जब भी कुछ करते हैं, आपको अगले दस साल के लिए तैयार रहना चाहिए। यदि आप सफल होना चाहते हैं तो आपको आगे आनेवाले दस साल के बारे में सोचना होगा और अगले दस साल की तैयारी करनी होगी। यदि आप सफल होना चाहते हैं तो आपको हमेशा काबिल लोगों के साथ काम करते रहने की आवश्यकता है।

मैंने अपने लक्ष्यों को बड़ा रखा। मैं चाहता था कि मैं लोगों की मदद करूँ। अलीबाबा के विस्तार को लेकर मैंने कभी नहीं सोचा था। अलीबाबा ने आज जो विस्तार किया, उसका अर्थ यह नहीं है कि मैं बहुत काबिल था। उसका मतलब यह है कि मैंने बहुत से काबिल लोगों के साथ काम किया और काबिल लोग हमेशा हटकर काम करते हैं।

यदि आप सफल होना चाहते हैं तो आपको हमेशा बहुत सी गलतियाँ करने की आवश्यकता है और गलतियों से सीखने की आवश्यकता है, न कि उनसे हार मानने की। अधिकतर लोग गलतियाँ करते हैं। वह गिरते हैं और प्रयास छोड़ देते हैं, लेकिन मैंने कभी प्रयास नहीं छोड़ा। मैंने हमेशा अपनी गलतियों से सीखा। मैं सोचता हूँ, जब हम असफल होते हैं तो उसका अनुभव हमें कोई और नहीं दे सकता। जो लोग असफल होते हैं और अपनी असफलताओं की जिम्मेदारी लेते हैं, वही सफलता की सीढ़ियाँ चढ़ते हैं। हमें अपनी असफलताओं के लिए दूसरों को जिम्मेदार नहीं ठहराना चाहिए। वही

व्यक्ति सफल होता है, जो अपनी असफलताओं की जिम्मेदारी लेना जानता है और जो यह कहना जानता है, मैं असफल हुआ, क्योंकि मैंने गलतियाँ कीं, तब उस व्यक्ति के पास अपनी गलतियों से सीखने का अवसर होता है।

मैंने अपनी गलतियों के अलावा उन व्यक्तियों से बहुत कुछ सीखा, जो अपने जीवन में असफल हुए। मैंने उन लोगों से बहुत कुछ सीखा, जिन लोगों ने अपने जीवन में बहुत सी गलतियाँ कीं। यह मेरे जीवन का सूत्र है, जब मैं असफल हुआ तो मैंने कहा कि मेरी असफलताओं के लिए मैं ही जिम्मेदार हूँ। जब मैं सफल हुआ तो हमेशा मैंने कहा कि मैं कभी नहीं जानता था कि मैं सफल हो जाऊँगा। यह मुझे बहुत आशावादी बनाता है। बहुत सी गलतियाँ और बहुत सी असफलताओं के बाद मैंने कभी भी शिकायत नहीं की। मैं आज भी बहुत सी गलतियाँ करता हूँ, लेकिन हम सीखते हैं और दोबारा प्रयास करते हैं। हम असफल होते हैं और फिर से सीखते हैं और फिर दोबारा प्रयास करते हैं। यही जीवन का सूत्र होना चाहिए।

> ***यदि आप सफल होना चाहते हैं तो दूसरों की गलतियों से भी सीखना सीखिए। सफल व्यक्तियों की कहानियाँ मत पढ़िए। असफल लोगों की जीवनी पढ़िए और सीखिए। आप उनकी गलतियों से इसलिए मत सीखिए कि आप वो गलतियाँ नहीं दोहराएँगे।***

"यदि आप सफल होना चाहते हैं तो दूसरों की गलतियों से भी सीखना सीखिए। सफल व्यक्तियों की कहानियाँ मत पढ़िए। असफल लोगों की जीवनी पढ़िए और सीखिए। आप उनकी गलतियों से इसलिए मत सीखिए कि आप वो गलतियाँ नहीं दोहराएँगे। आप इसलिए सीखिए कि जब आपके पास वे समस्याएँ आएँगी तो आप कैसे हल करेंगे। मैं मानता हूँ, मेरा जीवन इस बारे में नहीं है कि मैंने कितना कुछ हासिल किया। मेरा जीवन इस बारे में है कि मैंने गलतियों से कितना सीखा। भविष्य के बारे में चिंता मत कीजिए। आप अपना भविष्य खुद निर्माण कर सकते हैं। मेरे पिता कोई अमीर व्यक्ति नहीं थे। मैं बहुत पढ़ा-लिखा नहीं था, लेकिन मैंने जब एक छोटे स्कूल में

नौकरी की, पर आज मैं कहता हूँ कि जहाँ मैं पढ़ा, वह हार्वर्ड यूनिवर्सिटी से भी बेहतर था। मेरा जीवन एक सामान्य जीवन था। मैं अपनी समस्याओं को लेकर बहुत निराश था, क्योंकि मैं हार्वर्ड में पढ़ना चाहता था, लेकिन दस बार उन्होंने मुझे अस्वीकार कर दिया। यह मेरे लिए आसान नहीं था, लेकिन मैंने हमेशा यह माना कि कुछ है, जो मेरा इंतजार कर रहा है। मुझे हमेशा मेहनत करते रहना होगा। मुझे खुद को साबित करना होगा। यह एक कड़वा अनुभव था। कोई विश्वास नहीं करता था कि मैं कभी सफल हो पाऊँगा। लोग सोचते थे कि यह आदमी पागल है। यह सबसे अलग सोचता है। उन्हें लगता था, यह जो सोचता है, वह कभी भी संभव नहीं होगा, लेकिन मैंने हमेशा अपने सपनों पर विश्वास किया। कुछ भी आसान नहीं है। कुछ भी मुफ्त नहीं है। यदि आप सफल होना चाहते हैं, आपको उसकी कीमत चुकानी होगी। अलीबाबा ने इतने सालों में आज जो विस्तार किया है, उसके लिए हम खुद को भाग्यशाली मानते हैं, लेकिन हमने उसके लिए बहुत ज्यादा मेहनत की है। हम एक दिन भी चैन की नींद नहीं सोए। पिछले वर्ष मैंने 867 घंटे हवाई जहाज में गुजारे हैं। मैं बहुत मेहनत करता हूँ, लेकिन मेरी टीम मुझसे भी ज्यादा मेहनत करती है। हमने यहाँ तक पहुँचने के लिए दिन-रात काम किया है।

कुछ भी मुफ्त में नहीं मिलता। कुछ भी आसान नहीं होता। यदि कुछ आसान है तो आपको कुछ अलग सोचना पड़ेगा। आपको कुछ अलग करना पड़ेगा। शुरुआती दिनों में मेरी मेज पर बहुत सी योजनाएँ आती थीं। अधिकतर लोग मुझसे कहते थे, 'यह बहुत अच्छी योजना है', लेकिन अधिकतर मैं कहता था कि नहीं, यह ठीक नहीं है।

"कुछ भी मुफ्त में नहीं मिलता। कुछ भी आसान नहीं होता। यदि कुछ आसान है तो आपको कुछ अलग सोचना पड़ेगा। आपको कुछ अलग करना पड़ेगा। शुरुआती दिनों में मेरी मेज पर बहुत सी योजनाएँ आती थीं। अधिकतर लोग मुझसे कहते थे, 'यह बहुत अच्छी योजना है', लेकिन अधिकतर मैं कहता था कि नहीं, यह ठीक नहीं है। हर कोई उस योजना की पैरवी करता

था। उसने मुझे कभी प्रभावित नहीं किया, लेकिन जब किसी ने कहा कि 'यह बहुत मुश्किल है', मैं हमेशा उसकी तरफ आकर्षित हुआ और मैंने हमेशा सोचा कि मैं उसे कैसे हल कर सकता हूँ? मैं वहाँ तक कैसे पहुँच सकता हूँ? जो बहुत कठिन है। अलग करिए। शिकायत मत कीजिए, जैसे सभी लोग करते हैं। वे लोग शिकायतें करते हैं, जो असफल हो जाते हैं। कभी यह मत कहिए कि मुझसे नहीं होगा। हमेशा कहिए, हमेशा सोचिए कि आप वह कैसे कर सकते हैं! कैसे चीजों को अलग कर सकते हैं! अपने दिमाग को सोचने पर लगाइए। कार्य करिए। हर व्यक्ति के लिए कल नया होगा। सोचिए। आशावादी रहिए और एक चीज पर विश्वास कीजिए, आपको बहुत-बहुत मेहनत करनी होगी। मेरे पास दो विकल्प थे कि अपने लिए काम करिए या फिर दूसरों के लिए काम करिए। मैंने हमेशा अपने लिए काम किया, क्योंकि जब आप अपने लिए काम करते हैं तो आप समाज के लिए काम करते हैं और जब आप समाज के लिए काम करते हैं तो हमेशा आप दूसरों के लिए सोच रहे होते हैं। हमेशा याद रखिए, यदि दूसरे लोग आपसे खुश होंगे तो आप हमेशा सफल रहेंगे। हमेशा अपने बारे में चिंता कीजिए। यदि आप अपने बारे में सही निर्णय नहीं ले सकते तो औरों की समस्याओं का हल कैसे ढूँढ़ सकते हैं?"

□□□